5訂版

警察官のための
エチケット110番

警察エチケット研究会 編

東京法令出版

発刊に当たって

「立派な警察官である前に、立派な紳士・淑女であれ」

これは、私たちが警察官になりたての頃、先輩や上司に教えられた言葉です。

「立派な紳士・淑女とは何か」 これは、考えてみると大変難しい問題です。

例えば、gentleman という言葉は、フランス語の複合語 gentilhomme から派生したものだと言われています。gentil は「良家の」という意味でしたが、後に、人を喜ばせるとか、魅力的な、とかを意味するようになり、homme は「人」という意味です。

また、gentil は、洗練された人、行儀の良さ、上品さ、とかいった、良家の出身者が当然備えているとみなされる事柄に、そのまま結び付いていたとも言われています。

その後、紳士像も時代とともに変化しているようですが、紳士は、何もイギリス人でなければならないわけはなく、日本には、昔から武士道があったことはいうまでもありません。

警察官は、人と接する機会が大変多い職業です。当然、立派な社会人としての振る舞い、人間関係やエチケット・マナーに対する知識、技が求められています。

本書は、立派な警察官・立派な社会人であるための事項を体系的に網羅して執筆してありますので、警察官、とりわけ青年警察官の座右の書として活用していただくことを期待しています。

　令和6年2月

　　　　　　　　　　　　　　　　　　　　警察エチケット研究会

目　次

CONTENTS

第1章　新入警察職員としての基本事項

★

第1　新入警察職員の心構え ………………………………………… 1
1　学校と職場の相違…………………………………………………… 2
2　プロの条件………………………………………………………… 2
3　組織の代表者という意識を持つ……………………………………… 4
4　新入警察職員の心得………………………………………………… 4

第2　服装と身だしなみのポイント ………………………………… 6
1　制服を着用した場合のポイント……………………………………… 6
2　男性の服装と身だしなみ…………………………………………… 10
　　スーツ着用時のポイント／スマートな身のこなしと手入れ
3　女性の服装と身だしなみ…………………………………………… 12
　　スーツ着用時のポイント／化粧・髪形

第2章　職場でのマナー

★★

第1　言葉遣いのポイント ……………………………………………15
1　分かりやすい言葉で………………………………………………15
2　語尾をはっきり、簡潔に…………………………………………16
3　敬語の使い方………………………………………………………16
4　会話の心得…………………………………………………………18
5　具体的なケースでの言葉遣いと態度………………………………18

第2　挨拶（申告）のポイント ………………………………………27
1　部内における挨拶（申告）………………………………………27
　　基本的な心構え／用語例

| 2 | 外部での挨拶……………………………………………………29 |

挨拶文の作り方／挨拶の要領と作法／挨拶の秘訣

第3 姿勢、動作のポイント ……………………………………32

| 1 | 正しい姿勢………………………………………………………32 |

見張り時の姿勢／警ら時の姿勢／待機、休憩時の姿勢／応対時の姿勢／
受訓・受講時の姿勢／運転中の姿勢

| 2 | きびきびした動作……………………………………………………37 |

応対時の動作／執務や申告時の動作

| 3 | プロとしての条件（こんなときにはこんな方法を）………39 |

仕事でミスをした場合／スランプに陥った場合

第4 電話の応対 ……………………………………………………43

| 1 | 発　信　時………………………………………………………43 |

電話番号は正確に／電話前に用件を整理して／伝言依頼／留守番電話のマナー

| 2 | 着　信　時………………………………………………………44 |

呼出音がしたらすぐに手を／まず、所属と名前を／通話中の私語、雑談に注意／失礼のない取り次ぎを／間違い電話の処理／代理で用件を聞くとき／どちらが先に電話を切るか

| 3 | その他の注意事項………………………………………………46 |

第5 受付と応対 ……………………………………………………47

| 1 | 受付の基本………………………………………………………47 |
| 2 | 案内の仕方………………………………………………………48 |

第6 名刺交換、席順についての知識 ……………………………50

| 1 | 名　刺　交　換…………………………………………………50 |

名刺交換の手順／受け取った名刺の置き方

| 2 | 席　　順…………………………………………………………51 |

会議の席順／会食時の席順／自動車内の席順

第7 飲み物の接待 …………………………………………………54

| 1 | お　茶……………………………………………………………54 |

お茶の淹れ方／お茶のすすめ方／お茶の飲み方

2 コーヒー……………………………………………………………………57
　　コーヒーの淹れ方／コーヒーのすすめ方／コーヒーの飲み方
3 紅　茶……………………………………………………………………57
　　紅茶の淹れ方／紅茶のすすめ方／紅茶の飲み方

第8　ハラスメントのない職場づくり……………………………………59
1 なぜハラスメントを防止しなければならないのか………………………59
　　重大な人権侵害／組織の戦力ダウン／能力発揮に支障／行為者（加害者）にも大きな不利益
2 セクシュアル・ハラスメントが起こる原因や背景…………………………60
　　職場環境の問題／職員の意識の問題
3 職場におけるセクシュアル・ハラスメント…………………………………61
　　セクシュアル・ハラスメントとは／「職場」とは／「性的な言動」とは／「性的な内容の発言」とは／「性的な行動」とは／職場のセクシュアル・ハラスメントの種類
4 パワー・ハラスメントが起こる原因や背景…………………………………63
　　環境等の変化／職員の意識の変化／苦情を申し立てやすくなった
5 職場におけるパワー・ハラスメント…………………………………………64
　　パワー・ハラスメントとは／「職務上の地位、人間関係等の職場内の優位性を背景に」とは／「業務の適正な範ちゅうを超える言動」とは／「精神的又は身体的苦痛を与え」とは／「勤務環境を悪化させる」とは／パワー・ハラスメントを起こさないために
6 職員の心構え……………………………………………………………68
　　ハラスメントを受けたとき／自身の言動に注意／ハラスメントやその兆候を見かけたときに対処すべきこと／相談を受けたときに対処すべきこと

第3章　指導者（先任者）としての心得

★★★

1 指導者（先任者）に求められる資質・能力……………………………71
2 指導者（先任者）としての姿……………………………………………72
　　自己啓発に努める／率先垂範する／公平である／責任を回避しない／新任警察官に迎合しない

| 3 | 指導の基本 | 73 |

第4章　私生活のマナー　★★★★

第1　共同生活でのマナー　77
1　寮生活でのマナー　77
2　アパート、マンション生活でのマナー　78

第2　付き合いのマナー　80
1　同僚との付き合い　80
　付き合い方の基本／異性の同僚との付き合い方
2　先輩との付き合い　81
3　友人との付き合い　82
4　異性との付き合い　83
5　隣近所との付き合い　84
6　親戚との付き合い　85

第3　訪問時のマナー　86
1　出掛ける前の身だしなみ　86
2　訪問前の連絡　86
3　訪問時のマナー　86

第4　接客のマナー　90
1　不意の来客に備えて　90
2　夜間の来訪者への対応　90
3　配偶者が不在のとき　90
4　お客が帰るとき　91
5　戸締りと消灯　91

第5　携帯電話・インターネットのマナー　92
1　携帯電話等使用の際のマナー　92
2　ＳＮＳ利用の際の注意点　92
3　インターネット通販利用の注意点　93
4　オンラインゲーム・ゲームアプリ等の注意点　94

第6　飲酒のマナー……………………………………………………95
1　飲酒の心構え……………………………………………………95
時と場所を考えて飲む／自分の適量を守る／自分の酒癖を知る／はしご酒をしない／飲み代はその都度支払う／無理強いしない

2　酒席でのマナー…………………………………………………99
良い先輩にマナーを学ぶ／酒席の時間に遅れない／愉快に飲む／飲み方に注意する／たかり酒、タダ酒をしない／飲み代は割り勘にする／仕事上の飲酒は最小限にとどめる／外で飲むときは身軽な身体で飲む／酩酊した仲間に責任を持つ／飲酒後はタクシー等で帰宅する

第7　公衆の中でのマナー……………………………………………105
1　音のマナー………………………………………………………105
歩くときは／車内では／家では

2　道路でのマナー…………………………………………………106
歩行／態度／トイレ

3　時間のマナー……………………………………………………107
4　公園、商業施設等でのマナー…………………………………108
5　行楽地でのマナー………………………………………………109
6　劇場、音楽会、コンサート等でのマナー……………………109
7　美術館、博物館、展覧会等でのマナー………………………110

第8　乗り物のマナー…………………………………………………111
1　電車やバスでのマナー…………………………………………111
小銭やＩＣカード乗車券のチャージを事前に用意／割り込み禁止／席の譲り合い／網棚の荷物／検札／飲食、喫煙

2　自動車でのマナー………………………………………………113
送ってもらう場合／タクシー／喫煙

3　自転車運転のマナー……………………………………………114
運転する前に／運転に当たって

4　飛行機でのマナー………………………………………………115
出発前の手続等／機内でのマナー

第9　警察職員が交通事故を起こした場合の責任…………………117
1　交通事故を起こした場合にとるべき措置……………………117

2	交通事故に伴って課せられる責任	119

刑事上の責任／行政上の責任／民事上の責任

第10 ホテル・旅館等及び会食等でのマナー……122

1　ホテルでのマナー……122

ホテルの予約と受付／外出するときのマナー／室内でのマナー／面会のマナー

2　日本式旅館でのマナー……124

3　友人宅等へ宿泊する場合のマナー……124

4　食事のマナー……125

一般的心得／和食（日本料理）のマナー／中華料理のマナー／洋食のマナー／乾杯のマナー

第5章　明るい人生プラン　充実した生活を築くための知識

★★★★★

第1　明るい人生プラン……133

1　目標の設定と努力……133

2　自己啓発……134

勉強／読書

第2　昇任試験挑戦のすすめ……139

1　昇任試験の取り組み方……139

長期計画／短期計画／出題傾向の把握／実務に直結した勉強

2　具体的な勉強方法……141

基本書の選定／サブノートの作成／答案の作成

第3　健康の保持……143

1　食生活の知識……143

バランスのよい食事を／塩分は1日10グラム以下に／動物性脂肪は控え目に／野菜をいっぱい食べよう／カルシウムを上手に摂ろう／外食の上手な摂り方／女性のための食生活

2　休養について……146

3　依存症について……147

依存症とは／依存症に関する正しい知識を

4　健康診断……148

5	体力の増強	149

第4 生活秩序の確立 ……154
1 健全な生活設計 ……154
健全な生活設計は、なぜ必要か／調和のとれた生活とは／借金癖を身に付けないこと
2 貯　蓄 ……156
貯蓄心を養う／貯蓄の目的／貯蓄の方法／貯蓄の種類／私的年金加入のすすめ
3 カード利用の問題点 ……159
クレジットカード／カードローン／カードの適正な利用

第6章　冠婚葬祭のマナー

★★★★★★

第1 冠婚葬祭の種類 ……161
第2 慶　事 ……162
1 祝賀行事 ……162
2 記念品の選び方 ……162
3 受　賞 ……162
4 賀　寿 ……162
5 結　納 ……163
6 結　婚 ……163

第3 弔　事 ……168
1 通　夜 ……169
2 葬儀・告別式 ……169
焼香の仕方（仏式）／玉串拝礼の仕方（神式）／献花の仕方（キリスト教式）／弔事の服装
3 法　要 ……174
家族が亡くなったら／お悔やみの言葉

第4 贈　答 ……176
1 表書きの用語 ……176

2　水引の結び方と表書き ……………………………………………177
　　結び切り・蝶結び／表書き／現金の包み方
3　ふ く さ ………………………………………………………………179
4　贈 り 物 ………………………………………………………………179
　　贈り物に添える言葉／四角い箱の包み方／丸いものの包み方／主な贈り
　　物・お返し一覧

第7章　国旗掲揚のマナーと知識

★★★★★★★★

1　国旗と国歌の歴史 …………………………………………………185
2　日の丸の大きさ ……………………………………………………186
3　旗竿と球の用い方 …………………………………………………186
4　国旗掲揚の基本 ……………………………………………………187
5　半旗と弔旗 …………………………………………………………187

第 1 章 新入警察職員としての基本事項

第1 新入警察職員の心構え

　任命辞令の交付を受けると、その日からあなたは、警察職員（公務員）となり、組織の構成メンバーとしての役割が与えられます。

　警察官には、逮捕、武器の使用等の実力行使の権限が与えられ、また、自らの判断と責任で緊急に事案を処理しなければならない場合があります。いざというときの職務執行を適正に行うためには、高度な実務能力、良識と体力を兼ね備えていなければなりません。

　あなたは、これまで学校と家庭を生活の場としてきましたが、これからは、警察官として勤務する職場が新たな生活の場となります。

　警察官の職務は、ときには生命を懸けるほどの危険や忙しさに見舞われることがあり、多少の不安もあるでしょうが、情熱をもって日々を過ごしていきましょう。

1　学校と職場の相違

大学や高校では授業料を納めていましたが、職場では授業料はいりません。逆に働くことによって、あなたに給料が支払われます。このことは実に大切なことなのです。

学生は、授業料を納めることで「学ぶ権利」を得ましたが、職場では給料が支払われることから、「義務と責任」が問われるようになります。

学校と職場とでは、集団の構成が異なります。学校生活でも、先生、上級生、同級生、下級生といった縦の関係はありますが、何といっても、クラス中心、同級生との付き合いが主となっていたはずです。つまり、横の関係が人間関係の主な部分を占めていたのです。

職場では、署長、課長、係長、主任、先輩、後輩といった縦の関係と、同僚との横の関係があります。その上、人間関係は学校生活に比べ複雑多岐にわたっています。こうした人たちが、それぞれの立場の違いを超えて、組織の目的を達成するために、協力し合って各人の役割を果たしているのです。

そのために職場には規律や慣習が存在し、日常の社会生活のマナーが必要なのです。

2　プロの条件

職場生活の第一歩は、平凡で地道な基本ルールをしっかり理解することにあります。「これだけはぜひ守らなければならない」ことの積み重ねがやがて大きな成果を招き寄せてくれるのです。

職場生活では、自分の思うとおりの環境の中で仕事ができることはほとんどないといっていいでしょう。いつも何かが欠けていたり、状況が変化している、そんな中で「まじめに努力する」ことができるかが、将来、意外な発展につながる小さな伏線なのです。

仕事で最善の成果を出すためには、私生活においても節度ある行動を心掛けるべきです。
　すなわち「警察官のプロ化」を進めるということは、職員一人ひとりが自己啓発と自律の精神を身に付けることなのです。

3　組織の代表者という意識を持つ

　対外的には、全ての仲間を代表しているという意識を持つことが大切です。
　私たち警察職員には、職場の内外を問わず、常に市民の目が注がれていることから、親切、丁寧という人間性に根ざした行動が必要です。
　職場外だからかまわないだろうとか、人目のないところでちょっとぐらい羽目を外してもなどと甘えてはいけません。組織に不名誉となり、国民の信頼を失うようなことは自戒しなければなりません。

4　新入警察職員の心得

　職場生活においては、「良識」を持って過ごしましょう。
　また、仕事に慣れるにしたがって、マンネリズムに陥り、現在のやり方が最善だと思うことがあります。常に新しい目で周りを見回し、創意工夫をしましょう。淀んだ水は腐ります。

✓ Check Point　新入警察職員の基本

- ☐ 挨拶は明るく丁寧に
- ☐ 服装は清潔に
- ☐ キチンとした整髪、端正な身だしなみを心掛ける
- ☐ ドアのノックを忘れない
- ☐ 執務中の会話は簡潔に
- ☐ 分からないことは、積極的に聞く
- ☐ 質問をしたら、必要事項をメモすることを習慣づける
- ☐ 素早く丁寧な対応を
- ☐ 感情に走らない
- ☐ 名前を早く覚える
- ☐ 机の上は常にきれいに
- ☐ 電話の取り次ぎは、丁寧かつ正確に
- ☐ 休憩時間はけじめをつける
- ☐ 離席は断ってから

Check Point 　知っておきたい職場でのタブー

- ☐　給料のことばかり口にしない
- ☐　上司や同僚などの悪口を慎む
- ☐　執務中は私用で携帯電話・スマートフォンを使用しない
- ☐　上司や同僚などのプライベートなうわさ話はしない
- ☐　何でも自分中心に考えることは慎む
- ☐　他の者の仕事をうらやんだり、愚痴をこぼしたりしない
- ☐　自分の仕事を卑下しない
- ☐　感情でものごとを判断しない
- ☐　同僚同士でも、乱暴な言葉遣いをしない
- ☐　仕事のより好みをしない
- ☐　気分の悪いときでも、極力、無愛想な態度は慎む
- ☐　退庁時刻前からソワソワしない
- ☐　勤務時間終了を待ちかねた帰り方をしない

	ビジョン
知っておきたい KEYWORD	将来のある時点でどのような発展を遂げていたいか、成長していたいかなどの構想や未来像。また、それらを文章などで描いたもの。

第1章　新入警察職員としての基本事項

第2 服装と身だしなみのポイント

1 制服を着用した場合のポイント

　服装、身だしなみは、その人の人格を表すと言われています。また「制服は、その組織を象徴する」とも言われています。同じ服装をしていても着る人によって端正に見えたり、だらしなく見えたりします。

　警察官は、人から「あんな制服姿では……」と批判されたり、不快感を与えないよう十分注意する心掛けが大切です。しかし、いくら服装に気を遣っても、ボサボサな長髪や無精ひげでは、人に良い印象を与えることはできません。

　警察職員であるという自覚をもって、質素の中にも、その人の心がうかがえる品性のある服装、身だしなみを心掛けましょう。

✓ Check Point　制服を着用した場合の基本の身だしなみ

1 **制　帽**
   - □ 帽子の正面がおおむね額の中央部になり真っすぐにかぶっているか。
   - □ 顎ひもに緩みはないか。
   - □ ほこりが付いていたり、汚れたりしていないか。
   - □ き章が曲がっていないか。
   - □ 変形していないか。

2 **階級章、識別章**
   - □ 汚れていないか。
   - □ 正しく付けられているか。

3 **ワイシャツとネクタイ**
   ▶ ワイシャツ
   - □ 常に洗濯し、アイロンのきいたものであるか。
   - □ 首まわりは合っているか。
   - □ 極端に袖が出ていないか。

   ▶ ネクタイ
   - □ 支給されたネクタイを用いているか。
   - □ きちんと結ばれているか。
   - □ 曲がっくいないか。
   - □ 汚れていないか。

4 **制　服**
   - □ 体に合っているか。
   - □ アイロン又はブラシをかけているか。
   - □ ポケットが膨れるほど物が入っていないか。
   - □ ボタンが落ちたり、外れたりしていないか。
   - □ 擦り切れている部分はないか。
   - □ 汚れていないか。
   - □ 縫目はほころびていないか。
   - □ 折り目がきちんとついているか。
   - □ バンドは正規のものを使用しているか。
   - □ 後ろのポケットのボタンは、外れていないか。
   - □ ポケットからボールペン等がのぞいていないか。
   - □ 左胸ポケットに警察手帳が入っているか（男性）。
   - □ 右胸ポケットに警笛及び手錠鍵が入っているか（男性）。

5 **警察手帳**
   - □ ひもが切れかかっていないか。
   - □ 不必要なものを挟んでいないか。

6 帯革等
- ▶ 帯　革
  - ☐ 本帯のバックルが体の垂直中心上にきているか。
  - ☐ 帯革止（留め革）に支えられているか。
  - ☐ 長さが体に合っているか。
  - ☐ 色あせていないか。
  - ☐ 糸切れしている部分はないか。
- ▶ 遊　革
  - ☐ バックルと拳銃用調整具との中間に位置しているか。
- ▶ 留め革
  - ☐ 　3本のうち、長い1本は拳銃用調整具の前ふちに寄せ、短い2本は拳銃つりひもの後側と警棒つりの後ふちに寄せて付けられているか。
  - ☐ ホックを外側にして、その留め革の末端が下を向くようにし、バンドとともにきちんと止められているか。

7 手錠、手錠入れ
- ☐ 汚れや鍵穴に異物混入がないか。
- ☐ 手錠入れは、警棒つり後ふちの留め革に寄せられているか。
- ☐ 色あせていないか。
- ☐ 機能はよいか。鍵は携帯しているか。

8 警　笛
- ☐ 汚れがないか。
- ☐ 音調はよいか。
- ☐ 警笛ひもは切れかかっていないか。

9 拳　銃
- ☐ 撃鉄の先端がおおむねズボンの縫い目の線に位置するように着装されているか。
- ☐ 銃口内に異物混入がないか。
- ☐ ほこりが付いていないか。
- ☐ さびが出ていないか。
- ☐ 油を付け過ぎていないか。
- ☐ 吊環に拳銃吊ひもが確実に着装されているか。
- ☐ 安全ゴムは付いているか。

10 拳銃吊ひも
- ☐ 損傷、汚れがないか。
- ☐ 拳銃用調整具の後ふちと留め革の間に正しく着装されているか。
- ☐ 拳銃を着装していないときは、外されているか。
- ☐ なす環は破損していないか。

11 警棒、警棒吊
- ☐ 警棒、警棒吊は、左腰の適当な位置に不体裁にならないように着装されているか。
- ☐ 先筒がスムーズに伸縮し、かつ、ストッパーが機能しているか。
- ☐ 損傷、汚れがないか。
- ☐ 警棒吊が切れるおそれはないか。

12 靴、靴下
- ☐ 支給された靴を履いているか。
- ☐ 靴はよく磨かれているか。
- ☐ かかとが減り過ぎている靴や、破れている靴を履いていないか。
- ☐ 支給された靴下(黒色、紺色等)を履いているか。
- ☐ 穴の開いていない清潔な靴下を履いているか。

13 頭髪等
- ▶ 頭髪(男性)
  - ☐ いつも整えているか。
  - ☐ 長髪であったり、もみあげが長かったりしていないか。
- ▶ ひげ(男性)
  - ☐ 毎日そっているか。
- ▶ 歯
  - ☐ きれいに磨かれているか。
  - ☐ 口臭に気をつけているか。
- ▶ 爪
  - ☐ きれいに切ってあるか。

14 女性警察官
- ☐ アイシャドー、口紅、チーク等の化粧は濃すぎないか。
- ☐ ピアス、イヤリング、ブレスレット等装飾品を身に付けていないか。
- ☐ 髪は見苦しくないか。
- ☐ 警察手帳は、上衣の左腰ポケットに収めてあるか。
- ☐ 警笛は上衣の右腰ポケットに収めてあるか。

2　男性の服装と身だしなみ

1　スーツ着用時のポイント

　職場は、本来働くことが目的の場所です。いつ、どこで誰に見られても恥ずかしくないＴ（とき）・Ｐ（ところ）・Ｏ（場合）を考えた清潔感と活動性のある服装を選びましょう。

(1)　スーツはその用途に応じて

　スーツにはビジネス用、外出用、冠婚葬祭用等いろいろありますが、それぞれの状況や用途に応じて使い分けることが大切です。

　そして、会議等正式の場でも通用するスーツを、夏用、冬用各一着はそろえておきたいものです。

　スーツの色は、ダークブルーかダークグレー系統が無難です。

(2)　略礼装をそろえよう

　礼服は、モーニングスーツ及びタキシードが正装とされていますが、特に改まった席を除き、略礼服（黒無地の上下そろいのスーツ）で間に合うことが多くなっていますので、この略礼服を一着そろえておくと便利です。

　慶事、弔事の場合に着用し、ネクタイを取り替えるだけで簡単に着られます（後記第6章「冠婚葬祭のマナー」参照）。

(3)　基本的なスーツスタイル

- **シャツ**

　改まった場所や礼装のときなどには、白の無地を身に着けるのが基本となっています。

　袖の長さは、まっすぐ立って手を下げた状態で、上衣の袖から5〜10ミリぐらい見えるのが適当とされています。

　また、カラーシャツ（派手すぎないもの）も、白の無地の他に数枚そろえておくのもよいでしょう。

- **ネクタイ**

    一般的には、シャツが柄もののときは無地のネクタイを、反対に、シャツが無地のときは柄ものをつける組合せが基本です。色については、スーツと同系色のものが無難とされています。

- **靴**

    色は、一般的には、スーツが紺やグレー系統のときは黒、茶系統のときは茶とするのが基本です。白やグレーでは、ビジネス用には不向きです。

    最低2足ぐらいそろえておくと、交互に履くことによって清潔感を保ち、長持ちさせることができます。

- **靴　下**

    靴下は、ビジネス用にはズボンの色に合わせた黒か紺の無地か、ワンポイントのものを選ぶのが基本です。

    足を組んだときなど、ズボンの下からすねがのぞいたりしないように、やや長めのものがよいでしょう。

- **ハンカチ**

    手拭き用ハンカチは、毎日替え、常に清潔なものを使いましょう。

    使い古したもの、しわくちゃなものは、周囲の人によい印象を与えません。

2　スマートな身のこなしと手入れ

- **スマートな身のこなし**

    せっかくセンスある服装をしても、身のこなしがスマートでなければ全てが台なしです。

    下を向いたり肩を丸めて歩く姿は、自信がないように見えます。胸を張ってさっそうと歩き、スマートな身のこなしを心掛けましょう。

- **行き届いた手入れ**

    上着やズボンがしわだらけであったり、染みや汚れが付いていることのないよう、アイロンをきちんと掛け、手入れの行き届いた清潔なものを身に着けましょう。

第1章　新入警察職員としての基本事項

- **1日1～2回は鏡を見て**
  その人の人柄は服装、身だしなみに反映してくるといわれます。
  1日に1～2回は鏡を見て、自分の服装、身だしなみを確認する習慣をつけたいものです。

3　女性の服装と身だしなみ

1　スーツ着用時のポイント

- **ジャケット**
  体のラインが強調されないもので、紺・黒・グレーなどの落ち着いた色を選びましょう。
- **インナー**
  胸元が深く開いたものや派手なものは避け、シャツ等は、ボタンの外し過ぎに注意しましょう。
- **ネイル**
  長すぎる爪や、派手なネイルアートは避け、清潔感のある爪を心掛けましょう。
- **スカート**
  丈は膝が隠れるくらいが基本です。ミニスカートや、露出度が高いものは避けましょう。
- **ストッキング**
  肌になじむものを選び、伝線したときのために、替えを常に用意しておきましょう。
- **アクセサリー等**
  華美なものは勤務中には不要なばかりか、差し支えのあるものもあり、避けたほうが賢明です。

2　化粧・髪形

(1) 化　粧

社会人のエチケットとして、年齢に応じた、清潔感のある化粧を心掛

けましょう。派手な濃い化粧は、人に不快感を与えると同時に、仕事をする顔としてふさわしくありませんので、少し薄めの、健康的で、さわやかな印象を与える化粧に努めましょう。

　香水をつける場合は、周囲の人の好みもありますので、勤務に差し障りのない程度にしましょう。

One Action　　仕事中の化粧

ファンデーション
　濃く塗りすぎないように注意し、チークも血色がよく見える程度に抑えましょう。

眉
　極端に細くならないようにしましょう。

アイライン、アイシャドー
　自然の色（ブラウン、グレー系）を選び、付けていることが、目を閉じないと分からない程度に付けましょう。

口　紅
　唇の色に近い色を選びましょう。真紅や紫などの口元が強調されるような派手な色は避けましょう。

---

(2)　髪　形

　髪形は、ロングにしてもショートにしても、きちんと手入れをして、清潔感を保ちましょう。特にロングの髪の人は、仕事中は縛ったり、ピンでとめるなどすっきりとした髪形に努めましょう。

　仕事の性質や年齢、顔立ちを考え、自分に似合ったヘアスタイルにすることが一番です。

One Action　化粧の役割

　日本人女性の肌は、欧米人などよりはきめ細かく美しいといわれています。若いあなたの肌は、なおのことはつらつとしていて美しいでしょう。だからといって、「素肌の美」ばかりを強調して、何の手入れもしないというのでは、いつか肌を傷める結果ともなりかねません。化粧品は肌の保護をする役割も持っているのですから、自然な嫌みのない化粧をして、いつまでも若さあふれた肌を保つようにしましょう。

　よく、ただべたべたと塗りたくっている人、ファッション雑誌から飛び出してきたような化粧をしている人がいます。年齢に応じた、清潔感のあるあなたに合った化粧方法を勉強する努力が必要ではないでしょうか。そのためにも、美しく化粧するための基礎ともなる肌の手入れは十分に心掛けましょう。

	プロパー
	特定分野の専門であること。

第 2 章

職場でのマナー

第1 言葉遣いのポイント

　言葉は、その人の知性、教養を表します。正しく、美しい日本語を使いましょう。

　敬語の使い方をマスターすることは大変難しいものですが、正しい敬語を使った話し言葉は気品があり、好感を持たれます。相手によって正しく使い分けられるようにしましょう。

　学生時代には通用していても、社会人としてはふさわしくない言葉（えー、やだー、うっそー、でもー、だってーなど）や、聞いていて聞き苦しい言葉（マジ、ヤバイ、バカヤローなど）は、使ってはいけません。品位を損ないかねません。

　職場では、ビジネスライクな雰囲気を保つように、言葉遣いには特に注意しましょう。

1　分かりやすい言葉で

　分かりにくく難しい言葉や外国語をむやみに使ったり、自分だけが分かる略語などを使ったりすると、相手に意味が通じません。特に、警察用語は、

一般の人には分からないことが多いことを、承知しておいてください。

2　語尾をはっきり、簡潔に

「……です」「……します」と語尾をはっきり、簡潔にしましょう。
語尾を崩したり、アクセントをつけた話し方は、職場ではもちろんのこと、社会人となったからには使わないようにしましょう。

3　敬語の使い方

敬語を正しく使うことにより、上司や先輩、部外者にも良い印象を与え、仕事を円滑に進めることができます。正しい敬語の使い方を覚えることが大切です。

> **丁寧語**
> 話し手が丁寧な言葉遣いをすることで、聞き手に対して敬意を表す言葉です。丁寧語は、語頭に〈お〉〈ご〉を付けたり、語尾を〈です〉〈ます〉としたりすることにより敬意を表します。
> 　（例）　良い　　　　→　よろしい
> 　　　　　知っている　→　知っています
> 　　　　　茶　　　　　→　お茶
> 　　　　　飯　　　　　→　ご飯
>
> **尊敬語**
> 聞き手又は話の中に出てくる第三者に対して、尊敬の気持ちを表す言葉です。言葉そのものが尊敬の意味を持っている場合と、相手の体、身に着けるもの、家族、動作に〈お〉〈ご〉〈さま〉を付けて相手をあがめる場合とがあります。
> 　（例）　行く　　　　→　いらっしゃる
> 　　　　　する　　　　→　なさる
> 　　　　　見る　　　　→　ご覧になる
> 　　　　　どの人　　　→　どの方
>
> **謙譲語**
> 聞き手又は話の中に出てくる第三者に対してへりくだることにより、へりくだった対象に対して敬意を表す言葉です。謙譲語は、へりくだっ

た意味を持っている言葉を使ったり、語頭に〈拙〉〈粗〉などの接頭語を付けることにより敬意を表します。

(例)　言う　　　　→　申し上げる
　　　食べる　　　→　いただく
　　　自宅　　　　→　拙宅
　　　品物　　　　→　粗品

One Action　敬語の使い分け方

とにかく相手関係は上げ、自分関係は下げる心積もりで常日頃から話すようにすれば、おのずと敬語の使い分けはできるようになります。

	尊敬語	謙譲語	丁寧語
見る	ご覧になる	拝見する	見ます
聞く	お聞きになる	伺う	聞きます
食べる	召し上がる	いただく	食べます
する	なさる	いたす	します
行く	いらっしゃる	伺う	行きます
来る	おいでになる	参る	来ます
言う	おっしゃる	申し上げる	言います
もらう	お受け取りになる	頂く	もらいます
いる	いらっしゃる	おる	います

これらは日常生活においても度々使われている表現ですが、次のような間違いをすることがよくあります。
例えば、
「明日、ご案内してください」
　→「明日案内なさってください」
「贈り物をしていただいた方に礼状を差し上げました」
　→「贈り物をしてくださった方に礼状を差し上げました」
となります。
〈お〉〈ご〉は、外来語や付けると意味が変わる言葉(「にぎり」と「おにぎり」など)、相手に関係のない自分のことなどでは、必ず省きます。

4　会話の心得

会話に当たって心得ておくべきマナーは、次のとおりです。
- 相手の話によく耳を傾け、話が終わってから話し出すようにします。
- 相手によって言葉遣いを変えないようにします。
- 会話は、落ち着いてその場にふさわしい声で話します。
- 外国語、古語、新語、ことわざ等は、よくその意味を知って使うようにします。
- 聞き上手も、無言の雄弁です。
- 日常の会話も、常に相手にも話す機会を与えるようにします。
- 公共の場所、会議等の場所では、隣の者と私語（ささやきごと）をしないようにします。
- 議論をするのもいいですが、相手を承服させようという議論は、かえって反発を買います。
- 自分は陪席者でありながら、主賓をそっちのけにして、相手と話すのは失礼です。
- 部外者と話すときは、いつも自分は警察を代表していることを忘れないようにします。
- 人と話すときは、自然な柔らかいまなざしで相手の目を見るようにします。
- 相手の話すことがたとえ自分にとって関心の薄いことでも、一応全部聞くようにします。

5　具体的なケースでの言葉遣いと態度

出勤時

　時間を守ることは、プロとしての第一条件であり、一日の始まりである出勤時間を正確に守ることが大切です。始業時間ぎりぎりに、息を切らせて入ってきて、「実は……がありまして……」と、一生懸命言い訳をする人がいますが、はたで見ていてもあまり気分が良いものではありません。

途中、多少の事故などがあっても十分間に合うよう、常に早めに出勤して時間に余裕を持たせる心構えが大切です。余裕のできた時間で、鏡の前で身支度を整え、皆に気持ち良い挨拶をして、勤務に就きましょう。

朝の挨拶

さわやかな朝の挨拶から一日が始まります。また、朝の挨拶は、「さあ、今日もお互いに元気で働こう」という、一つの掛け声でもあります。よく、目が合っても知らぬ顔でヌーッと部屋へ入ってくる人がいますが、お互いに愉快なものではありません。皆で、「おはようございます」と、明るく、礼儀正しく、声を掛け合いましょう。

挨拶は、「あ」かるく、「い」つも、「さ」きに、「つ」づけて、行いましょう。

上司に呼ばれたとき

▶ **「ハイ」と、元気よくはっきりと返事を**

「ハァーイ」というような頼りない返事や、顔を向けるだけで何も言わないような態度では、マナーに反するだけでなく、「やる気」までも疑われてしまいます。

▶ **席を立ち上司の前へ**

- 返事をせずに立ったままの人
- 顔だけ向け、席に座ったままの人
- 返事だけで席を立たない人

などを見かけますが、これでは失格です。

返事と同時に席を立ち、上司の前3歩の所に位置するのが基本ですが、状況によりもっと近くに進んでもよいでしょう。

▶ **メモ、筆記用具の準備を忘れずに**

上司に呼ばれたときは、何か下命があるときですので、必ずメモ用紙と筆記用具を準備しましょう。

▶ **敬礼をしてから**

上司の前に行ったときは、姿勢を正し、敬礼をした後、「お呼びでしょうか」など、きびきびとした態度で用件を伺いましょう。

上司の部屋に出入りするとき

▶ **個室にいる上司から呼ばれたとき**

署長室等、個室にいる上司から呼ばれたときは、次のようにします。

- ドアの前で脱帽し、軽く3回ぐらいドアをノックし、許しを得ます。
- 中から合図があってから、「失礼します」「〇〇巡査入ります」などと入る旨を告げてから入室します。
- 入室の際のドアの開閉は、上司の迷惑とならないよう、静かに行います。
- 上司の席の3歩前のところで敬礼し、来意を告げた後、指示を受けます。
- 用件が済んだ後は、再び敬礼を行い、静かに退室します。

▶ **大部屋の事務室などに入るとき**

大部屋の事務室などに入るときは、ノックする必要はありません。

▶ **扉が開いている部屋に入るとき**

扉が開いているときは、室外で、「失礼します」「〇〇巡査入ります」などと呼称して、許しを得た後、入室します。

上司が近づいてきたとき

上司が自分の席へ来て用件を話すときには、椅子から立ち上がり、正対して応答しましょう。上司が立っているときは、座ったままでは失礼ですので自分も立って答えましょう。

指示、命令の受け方

仕事を進める上で、よく上司から指示、命令を受けることがあります。そのようなときは、誠実で、明るい態度をとることが基本ですが、特に次の点に留意しましょう。

▶ 受け入れ体制をととのえる

名前を呼ばれたら、相手に聞こえる声で、「はい」と返事をし、気持ちを切り替えて、指示、命令を受けることに専念します。

▶ メモの用意

人の記憶は、時間の経過とともに薄れていくものです。指示、命令を正しく受けるため、また、複雑な内容をいくつも指示されてもいいように、必ずメモをとる習慣を身につけましょう。

▶ 指示、命令の要点のつかみ方

命令の要点のつかみ方がまずくては、いかに態度が立派でも何にもなりません。常に、次のような順序で要点をつかみましょう。（5W1H）

- What ……何を（用件）
- Why ……何故（仕事の目的）
- Who ……誰が（主体）
- When ……何時までに（期限）
- Where……何処で（場所）
- How ……どのように（方法）

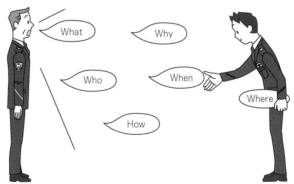

▶ 指示、命令に対する質問

指示、命令は、最後まで聞き、分からないことは質問します。指示、命令を受けている際に、口を出したり、異論を唱えたりすると、その

趣旨の明確さを欠いたり、横道にそれたりしますので、質問等があっても、指示、命令が終わってからにしましょう。
　分からないところがあったら、そのままにせず、納得のいくように質問しましょう。
▶　**復唱する習慣を**
　指示、命令を受けたら、自分の理解の仕方が違っていないかどうか、確認するために、必ず復唱するように心掛けましょう。

幾つかの仕事を同時に進めているとき、更に新しい仕事を命ぜられたとき

　上司の指示、命令は、受けて果たすのが原則ですが、幾つかの仕事を同時に進めているときに、更に新しい仕事を命ぜられたときなど、実行できないことが明らかなときは、安請け合いをせず、上司にその旨を申し出て、仕事の優先順位を判断してもらうようにしましょう。そのためには、朝出勤したら一日の仕事のスケジュールを組んで、現在の状況を常に把握しておくことが大切です。
　仕事の優先順位の判断が、自分でできるようになれば一人前です。

指示された仕事が、指示どおりできないと分かったとき

　指示された仕事が、指示どおりできないと分かったときは、こちらの状況を話して、再度、指示を受けましょう。

上司に意見を言うとき

　仕事のやり方、進め方、あるいは解釈の問題などで正しい意見があるときは、上司に進言することは、もちろん差し支えありません。その際には、自分の立てた計画などに基づいて、具体的に理由や根拠を示して意見を言いましょう。

報告の仕方

　仕事というものは、報告して初めて完了するものです。どんな小さな仕事でも、指示されたことが終わったら、すぐに報告しなければなりません。
　報告に当たっては、次の点に留意しましょう。

▶ 報告は早めに

上司から指示、命令された事柄について、「○○の件はどうなっているのか」と質問されて初めて答えるようでは遅いのです。上司から言われる前に、早めに報告するように心掛けましょう。

▶ 報告の要領

報告は、「指示、命令の受け方」と同様に、５Ｗ１Ｈを念頭に置きながら、次のように行いましょう。

早く報告に行かなくちゃ

- まず、結論を

   報告は、まず最初に「結論」を言うことです。結論を後にして内容をだらだら説明をすることは、時間の無駄となるばかりでなく、内容の混乱を招くもとにもなります。

   上司は、細かい内容よりも、結論を先に聞きたいのです。

- 事実の経過は正しく

   上司に事実の経過を報告する場合には、自分の憶測を交えたり、歪曲したりせず、事実を有りのままに報告するようにします。

- 中間報告を忘れずに

   仕事の内容が複雑で、長時間あるいは数日を要するものであるときは、進行状況を中間報告して必要な指示を受けましょう。

- 仕事の見通しがついたときも、報告をしましょう。

- 悪い報告ほど早く

   ミスを隠したり、それを自分だけで取り繕うのは、絶対に許されません。悪い報告ほど早くしましょう。

席を離れるとき

持ち場放棄は、無責任な行為です。必要があって席を離れるときは、隣の人に一言断ってから行きましょう。

外出するときも断ってから行くことはもちろん、ボードなどに、行き先、用件、帰署（所）時間を記載して行きましょう。外出中も、時々、出先から連絡をすることが大切です。

休暇を取るとき

休暇を取るときは、事前に届け出て、上司の承認を受けます。病気などで突然休まなければならないときは、電話その他の方法で、なるべく早めに連絡をしましょう。休暇の届出もない、電話の連絡もなく、来るのか来ないのか分からないときほど、迷惑なことはありません。特に、交替制勤務の場合には、その日の勤務計画も進められません。人に迷惑をかけないことがマナーです。

職場での上司、同僚などの呼び方

丁寧な言葉を使うといっても、的が外れていては、かえって滑稽です。

部内でよく耳にすることですが、「課長さん」「係長さん」「○○警部さん」「○○警部補さん」などは誠におかしく聞こえます。職名、官名は、それ自体が相手に対しての敬称ですので「課長」「係長」「○○警部」「○○警部補」と呼ぶのが正しいのです。

なお、部外の者を呼ぶ場合には、「○○課長さん」の例によるのがよいでしょう。

▶ **部外者に部内職員を指して言う場合**

部外の人に部内職員のことを話すときは、上司のことでも敬称、敬語は使う必要はありません。

例えば、来訪者（又は部外者からの電話）に上司のことを尋ねられたとき、

　「課長（署長）さんは、ただいま席を外しています」
　「警部さんは、今日は、出張しています」

などと答えるのはおかしいので、

　「課長は、ただいま席を外しています」
　「警部は、今日は、出張しています」
　「○○は、今日は、出張しています」

と職名・官名や氏だけを言うのがマナーです。

上司に対しては非常に丁寧な言葉を用いながら、

「課長さんは、ただいま署長さんの所へ行っていらっしゃいます。
　　あんたちょっとそこ（廊下）で待ってくれますか？」
のような言葉遣いは誠におかしなもので、警察官の教養と常識が疑われます。

　上司はいわば内輪の人で、相手の人は外部の人として、より礼節を必要とするのです。部内者の呼称は謙虚に、外部の人には丁寧な言葉を用いましょう。

▶ 部外者を呼ぶ場合

　「チョット、チョット」「そこの人」などと呼ぶのは失礼です。その人の名前を知っているときは、「〇〇さん」「〇〇様」と呼ぶべきです。
　名前を知らないときは、「あなた」と言うようにしましょう。

▶ 部外者に自分のことを言う場合

　「俺」「ぼく」などは、「貴様」「君」という言葉に対するものなので、ごく親しい人以外には使わないようにしましょう。自分のことは、「わたし」「わたくし」と言うべきです。

▶ 同僚間の呼び方

　学生時代に男子学生を「君づけ」で呼んでいたからといって、社会人となってからも男子職員を「君づけ」で呼ぶのは、ごく年少者の場合を除き、やめたほうがよいでしょう。別に軽蔑的な意味で使ったわけでなくても、呼ばれた人は、「軽く扱われた」と気を悪くすることが案外多いようです。

　同僚間の呼び方は、上司を呼ぶときと同様に氏と職名又は官名で呼ぶことが原則ですが、場合によっては、「さんづけ」で呼んでもかまいません。

　あまり下世話なあだ名やアットホームな呼び方は、職場にはふさわしくありません。

　また、「おめえ」、「俺」などという言い方をしているのをよく聞きますが、どんな親しい間柄であっても、他人が聞いて聞き苦しい呼び方は避けなければなりません。

▶ 自分の家族や身内を指す場合

　「お父さんが」「お母さんが」「姉さんが」などは、子供の言い方です。「父が」「母が」「姉が」と言うようにしましょう。

▶ 部外者に対する返事

　「うん」「おお」「ああ」などの返事は失礼です。「はい」と、はっきり返事をするようにしましょう。

退庁時

　一日の終わりは明日につながるものです。備品や書類を決められたところに片付け、机の上を整頓して、一日の仕事のけじめをきちんとつけ、職場の皆に「お先に失礼します」と挨拶をして帰りましょう。

　退庁時間になって、上司からの指示もなく、用事がないときは、仕事のけじめをつけて帰宅しても、別に悪いことではありません。

　上司が残っていたり、他の者が帰らないのでどうも帰りにくくソワソワしていたり、コソコソ隠れるように帰るのは、かえってマナーに反します。

☑ *Check Point* 　職場における人間関係の心得

- ☐ いつも相手の意見を謙虚に聴き、自分に足りない点はないかと反省することができますか。
- ☐ 決められた職分を守り、全力投球で職場全体の能力が向上するように努めていますか。
- ☐ 相手を傷つけず、職場を明るくするように心掛けていますか。
- ☐ 人の弱みに付け込むような、卑怯なことをしていませんか。
- ☐ 平等な親切心を失っていませんか。
- ☐ いつでも責任がとれるような、正しい付き合い方をしていますか。

プライオリティ

優先順位。仕事をする際には「今しなければならないこと」「近いうちにやること」「いつかはやること」などに分類して取り組むことが必要となる。

第2 挨拶(申告)のポイント

1 部内における挨拶(申告)

　任命、配置換え、学校入校・卒業等の際には、必ず申告をしなければなりません。

　警察官が、きびきびした言葉遣いと態度で、上司に申告する風景は、いつ見ても気持ちが良いものです。警察官らしい端正な姿勢と、はつらつとした動作で行うことが大切です。

1 基本的な心構え

　申告は、端正な服装と自然な態度、語調で行い、明るさと和やかさを失わないように配意しましょう。

2 用語例

- 配置の場合
  「〇〇巡査は、令和〇年〇月〇日〇〇県警察学校を卒業し、〇〇警察署〇〇課勤務を命ぜられました」
- 転任の場合
  「〇〇巡査は、令和〇年〇月〇日付で、〇〇警察署勤務を命ぜられました」
- 合格証書授与の場合
  「〇〇巡査は、令和〇年〇月〇日付で、巡査部長昇任試験合格証書を授与されました」
- 昇任の場合
  「〇〇巡査は、令和〇年〇月〇日付で、巡査部長に任命されました」
- 昇任して転任する場合
  「〇〇巡査は、令和〇年〇月〇日付で、巡査部長に任命され、〇〇警察署勤務を命ぜられました」
- 勤務指定(補職)の場合
  「〇〇巡査は、令和〇年〇月〇日付で、第〇号所管区(〇〇課〇〇

係）勤務を命ぜられました」
- **学校入校の場合**
  「○○巡査は、令和○年○月○日から○月○日まで、初任補修科生（○○専科生）として、○○警察学校へ入校を命ぜられました」
- **学校卒業（修了）の場合**
  「○○巡査は、令和○年○月○日、○○警察学校初任補修科（○○専科）を卒業（修了）し、ただいま帰任いたしました」
- **講習、訓練等の派遣の場合**
  「○○巡査は、令和○年○月○日から○月○日まで、○○のため、○○を命ぜられました」
- **復職の場合**
  「○○巡査は、○○のため休職中のところ、令和○年○月○日付で、復職を命ぜられました」

以上の用語例は例示にすぎないので、画一的に考えず、申告する人の個性や、そのときどきの事情によって、多少その言い方を変えてもかまいません。

- **上司からの訓示などがあったとき**
  辞令の交付を受けた直後に上司から今後の在り方、心構えなどについて訓示があったときは、「ただいまの御訓示（御注意）を心に深く刻みつけ、一生懸命頑張りますのでよろしくお願いいたします」のように申告をします。
- **2名以上の者で申告をするとき**
  2名以上の者が申告をする場合は、「○○巡査」とあるのを「○○巡査ほか○名の者は……」と読み替えて行います。
- **申告を行うときの来意の告げ方**
  申告を行うときは、あらかじめ「御挨拶に参りました」「御挨拶いたします」などの来意を告げた後に行います。
- **結びの挨拶**
  申告の後は、「よろしくお願いします」「お世話になりました」「行って参ります」などで結びます。

- **辞令書などがあるとき**

    申告が終わってから、人事異動通知書、卒業証書などを、上司に見せます。

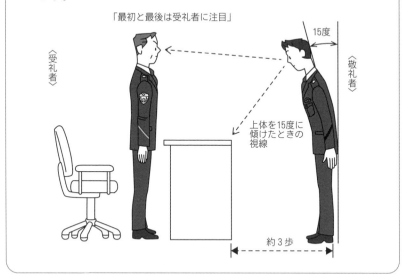

2　外部での挨拶

　警察官には、日常の挨拶と違った、いわゆる改まった挨拶をしなければならない機会が多くあります。

　特に地元に根をおろし、地域に溶け込んで活動している警察官、中でも交番及び駐在所勤務員にその傾向が強いかと思います。ふだんは巧みに話ができる人でも、改まった席での話し方には慣れていませんし、大勢の前で話すことが不得手でうまく話せないという人が案外多いようです。

　そこで、その場に臨んでも不覚をとらないだけの度胸と、技術を身につけていただくために、「外部での挨拶の基本事項」についてまとめてみました。

1　挨拶文の作り方

▶ テーマの選び方

　自分で自信のある話題で、しかも相手にも興味のあるものを選ぶことが

大切です。

▶ **挨拶の組み立て方**

　まず、話の中心を決め、中心の前に手紙の前文に当たる言葉を序として入れ、中心の後には、手紙の結語に当たる結論的な言葉を入れて話を終わるようにします。話の中にその地域のことや故事、ことわざ、金言を随所にはさんで用いると、より印象を強めます。

▶ **挨拶原稿の作り方**

　どんな短い挨拶でも、何の用意もなくては、うまくできるはずがありません。場慣れした人でも、大体の腹案は作っていくものです。まして、初めての人であれば、原稿を作って練習して行くぐらいの心掛けは必要です。

- 挨拶は、一般に3分ぐらいが理想的であるとされています。
- 1分間に話す速さを原稿にまとめてみますと、大体200字～300字が聞きやすいとされています。

2　挨拶の要領と作法

▶ **自分の話し方で**

　自分の番がきて、いざ話すときは緊張し、自分の考えた以上に早口になるものですので、自分では遅すぎると思うくらいのスピードで、自然に話すことが大切です。

▶ **語尾まではっきりと**

　挨拶に慣れない人は、どうしても低い声で、ボソボソ話すようになりがちです。自分の話を聞き手に理解させるためには、何よりも語尾をはっきりさせることが大切です。

▶ **挨拶に必要な態度と表情**

　話すときは、手を自然に前のほうに組むか、両脇に楽に下げておき視線は会場を満遍なく、ゆっくり見渡すようにします。下を向いたり、天井の一角をにらんだりするような話し方は感心しません。常に、聴衆に話しかけているという態度を失ってはならないのです。

▶ **あがらないために**

　あがるのは自分一人ではないと考え、気持ちを強く持つことが必要です。

- よく準備をしておく

　話す準備がしてあるということは、「自分には言いたいことがある」ということで、話す自信が生まれてくるものです。

- 呼吸を整える

  自分の番が近づき、胸がドキドキしてきたら、ゆっくり腹式で呼吸し、「あがるのは自分だけではない。これが普通の状態なのだ」と自分自身に言い聞かせ、落ち着くようにしましょう。

- 自信のある態度で

  聴衆は、話し手の態度を見て評価をします。初めから自信を持って、落ち着いた態度を示すことが肝心です。

- 挨拶に慣れる

  挨拶は、まず慣れることが大切です。そのためには、下手でもよいから、勇気を出して機会あるごとに、自分から進んで話すようにすることが大切です。

3　挨拶の秘訣

▶ **ピントの合った話をする**

　服装にＴ・Ｐ・Ｏがあるように、挨拶にもＴ・Ｐ・Ｏがあります。Ｔ（とき）・Ｐ（ところ）・Ｏ（場合）にそぐわない話は、良い挨拶とは言えません。

▶ **短く要領よく話す**

　各種会合等で長い挨拶は敬遠されるものです。簡潔にしてスマートに、言わなければならないことだけを話す。これが、短くて良い挨拶のコツです。

▶ **話に山場をつくる**

　挨拶は、始めから終わりまで、自分一人で話さなければなりません。したがって、あらかじめ話をしっかりと組み立てておくことが必要です。

▶ **分かりやすく話す**

　誰にでも分かる言葉で、分かりやすく話しましょう。難しい言葉や専門用語、外来語等は、避けるようにすることが大切です。

▶ **ユーモアも交えて**

　ユーモアは、つけ焼刃では聞き手を笑わすことはできません。ふだんからユーモアのセンスを養う心掛けが大切です。

▶ **金言名句で締めくくる**

　その話にピッタリくるような金言名句、短歌、俳句、ことわざなどを引用することで、より印象を強める効果があります。そのためにはうろ覚えではなく、正確に調べておくことが必要です。

第3 姿勢、動作のポイント

1　正しい姿勢

　目は心の窓とか、心はその人の姿・形に表れるとかいいますが、人が真剣に仕事に取り組んでいるか否かは、その人の目や姿勢・態度に表れるものです。

　正しい姿勢は、市民に頼もしさを感じさせ、不法な目的を持った者には威圧を与えて、未然に犯罪や事故を防止するなど、一石二鳥の効果を上げることができます。

　また、きびきびした動作は、一層、警察への信頼を高めることになります。

1　見張り時の姿勢

　警察側から見た場合、見張り勤務は各種警察活動の中の一部分にしかすぎませんが、市民にとっては最も目につきやすい姿です。ですから、市民は、交番勤務員の勤務ぶりによって、警察全体を評価することになります。

　我々一人ひとりが警察の代表者であるという自覚を持ち、威あって猛からず、穏やかな中にも厳しさを含んだ視線と姿勢で、次のような点に注意しながら見張り勤務に当たりましょう。

(1)　一般的注意
- ポケットに手を入れない。
- あめをなめたり、ガムをかんだりしない。
- 柱、窓、机等にもたれない。
- 後ろ向きになって相勤の者などと雑談をしない。
- 居眠りをしない。
- 貧乏揺すりをしない。

(2) 椅子にかけ見張りする場合
- 正面に正しくかけ、顎を引き、背筋を真っすぐ伸ばして座る。
- 両膝及び両足は肩幅に開き、両足全体で床を踏み、両手は指を伸ばしたまま、あるいは軽く握って膝の上におく。
- 背もたれに殊更もたれかかったり、足を投げ出したりしない。
- 新聞、雑誌、その他不急の書類を見ない。

(3) 立って見張りをする場合
- 顎を引き、背筋を真っすぐに伸ばし、足は肩幅に開き、手は指を伸ばし又は軽く握って自然に垂れるか、後ろで指を伸ばして組むようにする。
- 交番前を目的もなくぶらぶら歩かない。

2　警ら時の姿勢

　歩き方について、『南北相法』という本には、「一陣の備えを立て、正しく歩くものは心ゆたかにして福分あり。みすぼらしく歩くものは貧窮する。貴人は頭動かず足早く、下人は足のろく頭動く」と書いてあるそうです。

　ただ我々の行う警らは、動的な勤務によって、異常又は不審を発見するのが目的ですから、真っすぐ前を向いて堂々と歩くだけでは本来の目的は達せられません。

　次の点に注意し、周囲に十分気を配りながら、胸を張って、伸び伸びと、一種の風格あるいは気品を伴った正しい歩き方を身に付けるよう努めましょう。

- 猫背にならず、顎を引き、背筋を伸ばす。
- 内股あるいは外股にならず、足は真っすぐ前に出す。
- 必要以上にせかせか歩かず、落ち着いて歩く。
- 拍子をとったり、体を左右に振る歩き方、跳ねるような歩き方をしない。
- 腕を前あるいは後ろに組まない。
- ポケットに手を入れない。

- 周囲を注意する場合、顎を突き出し、背を丸め、透き見、盗み見をするような格好にならない。
- 周囲を見回す場合は、視点を一点に止めて確認した後、次に移すようにする。
- 店頭、街角などで必要以上に長話をしない。

美しい姿勢

3 待機、休憩時の姿勢

待機は休憩ではありません。不時の出勤や次の勤務に備え、満を持している状態ですから、次の点に注意しましょう。

- 指定された場所に、指定された服装、装備で、不体裁に当たらない姿勢で待機します。
- 休憩中でも、公衆の目に触れやすい場所では、見苦しい服装や姿勢をしない。
- 喫煙は、休憩中に定められた場所でする。

4　応対時の姿勢

警察を訪れる人の多くは、各種届出や相談であり、住民は「警察へ行けば、何か解決策を見いだしてくれるに違いない」という期待と、「親身に話を聞いてくれるだろうか」という不安の入り交じった感情で訪れています。

それだけに、対応が良ければ心から喜び、対応が悪ければ憎しみをぶつけ、投書等により警察非難ののろしを上げることにもなりかねないのです。

応対に際しては、誠実さ、礼儀正しさ、親しみやすさを持っていなければならないとされています。次の点に注意して、内面にこれら三つの要素を持つとともに、それが姿勢にもにじみでるように努力しましょう。

- 立って応対する場合は、基本の姿勢をとるのを原則とし、状況によって足を肩幅に開きます。
- 腰かけて応対する場合は、椅子に深くかけ、上体を真っすぐ伸ばし、男性は膝頭は握り拳が一つ入るぐらいあけます。女性は膝と足を揃え、つま先を直角より少し前に置きます。

   手は、男性は太ももの中ほどへ「ハ」の字型に置き、女性は太ももの上で軽く重ねます。
- 相手が立ったままのときは立って応対し、対応が長引くときは相手をかけさせ、自分もかけて応対します。
- そりかえったり、横を向いたり、斜めを向いたりしたまま応対しない。
- 応対中、腕を組んだり、足を組んだり、ポケットに手を入れたり、もじもじしたり、貧乏揺すりしたりしない。
- 応対中、そっぽを向いたり、よそ見したり、用件以外の書きものをしたり、ぶらぶら歩き回ったりしない。
- 応対中、机や窓等にもたれたり、肘をついたり、面倒くさそうにしたり、しかめっつらをしたりしない。

- 物を食べながら応対しない。
- 殊更に相手の目を凝視したり、相手を上から下までジロジロ見たりしない。
- 目の焦点は、相手の眉間から鼻、口の間に置くようにするのがよいでしょう。
- 第一印象を良くするよう注意し、始めと終わりには特に礼を尽くします。
- 相手を見下した態度や姿勢をとらない。

等々、明るくさわやかな市民応接に心掛けましょう。

5　受訓・受講時の姿勢

訓示・講演等を行う人は、事前に相当の時間を費やし、準備した上で壇上にあがるものです。もし、聞く側にまじめさがなく、態度がだらしなければ、話をしようという情熱を失ってしまいます。

講演者の話には、それが職場の上司のものであれ、部外の学者、専門家のものであれ、貴重な教訓、人生経験等を豊富に含んでおり、今後の我々の職務執行及び社会生活上において、指標や糧となるものです。

感謝と尊敬の念をもって、次の点に注意し、受講するようにしましょう。

- 上体を起こし、講師の顔を見ながら聞きます。
- 服装を事前に整えておきます。
- あくびをしたり、よそ見をしたりしない。
- 前後、左右の人と私語をしない。
- 物音を立てず、静かに聞きます。

6　運転中の姿勢

交通事故の発生が社会問題化し、その防止に市民と一体となって取り組んでいる現状の中、警察官の交通事故は最も人々の関心を引きます。

我々はまず第一に、職員の交通事故を防止しなければなりません。これら事故防止の取組は、警察官としての自覚と正しい姿勢による運転から始まります。

　そのため、次の点に注意し、模範的な安全運転を励行しましょう。

- ハンドルに正対して腰を深くかけて座り、背中は軽く背当てに接する程度にします。
- 両手はハンドルの10時10分の位置を握ります。
- 運転中、喫煙、雑談、よそ見、脇見をしない。
- 同乗者も正面を向いて座り、窓に肘をかけたり、窓から腕を出して外にたらしたり、窓にもたれて座ったりしない。
- 運転に際しては、公私にかかわらず誤った優先意識は捨てます。

2　きびきびした動作

1　応対時の動作

　警察署や交番等を訪れる人の中には、緊急な警察処置を求めるために駆け込む人が相当います。これを受け付けた警察官が受理に手間どり、ぐずぐず、のろのろしていたら単に冷笑を受けるだけでは済みません。

　動作が緩慢なため受理や手配等に時間がかかり、当然捕まるべき犯人を逃してしまったり、助かるべき負傷者が死亡したとしたら、一受付警察官の責任だけではなく、警察全体の信頼が失墜してしまいます。「敏速的確」であること、これが警察活動の要諦です。諸動作は、落ち着いた中にもてきぱきと機敏に、しかも正確に行わなければなりません。

　このため、次の点に注意しましょう。

- 機敏な動作がよいといっても、度を超すと、慌てふためいている感じを与えます。また、粗野になっても失礼です。

- 言葉は、ハキハキ明瞭に話しながらも、必要以上に大きな声を出さない。
- 処理手続きが分からない場合は、ためらわず先輩、専務係、上司等に指導を仰ぎます。
- 自分に間違いがあれば、いつまでも弁解せず、いさぎよく非を認め、誠意をもって謝ります。

- 何事によらず、消極的態度を改め、物事に積極的に立ち向かう習性を身につけましょう。

2　執務や申告時の動作

　職場を能率的ではつらつとしたものにするために、執務中の挙措動作にも節度がなければなりません。

　特に、次のことに注意しましょう。

- 上司、同僚に呼ばれた場合は、「はい」と明瞭に返事をし、状況によりすぐ立ってこれに応じます。
- 申告や儀式等の場合は、特に統制のとれた節度ある動作で臨みます。

One Action　伝達手段は臨機応変に

　メールは便利なツールです。複数の人に一斉に送信することもできます。

　しかし、相手の顔が見えず、聴覚からの情報もないので、伝わりにくい場合もあります。メールで何度もやり取りしたけれども、結局、疑問点が解決できない、書いてあることが理解できない……。仕方がないので電話をしてみたら、すぐに解決したということも少なくありません。

　確かにメールは、やり取りの履歴を残すツールとしても便利です。しかし、認識のズレや伝達ミスがあった場合、仕事の失敗や苦情にもつながりかねません。

　伝達手段で一番大切なことは、「伝わる」ことです。伝達手段を臨機応変に使い分けることは、仕事を効率的に進めることにつながります。伝達手段の使い方は以下のとおりです。

① 重要な案件は直接会って対応する
② 急ぎの場合は電話をする
③ 誤解を招く可能性があるときは、直接会って話すか面談又は電話でトラブルを防ぐ
④ 優先順位の低い案件、一斉送信で伝える事項、空き時間に確認してもらえればよい事項はメールを利用する
⑤ やり取りの履歴を残したい場合は、必要に応じてメールをする（面談や電話の後でも可）

3 プロとしての条件（こんなときにはこんな方法を）

立派な警察官となるためには、警察官である前に良識を持った人間であることが基本的に求められます。

「人生は修行なり」と言われるように、人間として成長を図るためには、日々、向上への努力を続けることが大切です。

人間は、それぞれ天分と個性を持ち、長所もあれば短所もあります。自らを省みて長所を伸ばし、短所を矯正するように努めることによって、自己を成長させることができます。

豊かな人間性を培うためには、自分を愛するほどに他人を愛する心情を養うことが必要です。すなわち、寛容、忍耐、正義、慈悲の心情を持つことによって、人間的な潤いが生じ、人としての信頼度が高まるのです。

どんなに厳しい勤務であっても敢然とやりぬく強い意志と、執務の過程で腹の立つようなことがあったとしても、これに耐える忍耐心を養うことも修行であり、これらの訓練を積み重ねるうちに、自然と人間的成長が図られるものです。

1 仕事でミスをした場合

(1) ミスは隠さず上司に報告し、その指示を受けて対処する

― 失敗例1 ―
A巡査は、交通切符の違反者署名を求め忘れたため、自ら署名指印し、虚偽文書を作成した事案の動機について、「以前も同様の失

> 敗をしてしまい、補正方法は知っていたが、同じ失敗でまた叱られるのが嫌だった。自分のプライドが許さなかった。ごまかせると思った。」と申し立てた。

　ミスはないにこしたことはありません。しかし、完全無欠な人間はいません。ミスは誰にでも起こり得るものであり、隠さず、速やかに正しい対処をしましょう。
　ミスをした場合は、直ちに自ら進んで報告し、組織で対応することによって、ミスによるダメージを最小限に抑えることができますし、自ら報告することで責任の所在をはっきりさせることができます。
　たとえミスをした場合であっても、そのミスの原因が過失によるもので適切な措置が講じられた場合には、原則として懲戒等の処分はされません。
　自分がミスをしてしまったときにどのように対処したらよいか分からず、叱責を恐れるあまり、素直に先輩・上司に対処要領などを聞くこともせず、悩んだ末にミスを取り繕って新たな非違事案に発展してしまうという事例も多く見受けられます。
　ですから、ミスをして報告しないほうが、はるかに重大なミスなのです。

(2) 同じ過ちは、二度と繰り返さない

> 失敗例2
> 　B巡査は、提出を懈怠していた書類を自宅に持ち帰っていた事案の動機について、「上司から指導は受けていたが、失敗を繰り返しており、上司からまた叱られるのが嫌だったので、隠そうと思った。」と申し立てた。

　「失敗するから人間だ。神のみこれを裁く」（To error is human, to forgive divine）という言葉があります。いわば失敗によって、人として成長するということです。失敗によってあなたが、あなた自身それまで知らなかった自分の欠点を発見することができるのです。そして、二度と同じミスは犯さないことです。
　なぜなら、同じ失敗やミスを繰り返すのは、それによってもたらされ

る大きなリスクに対する意識が希薄だということです。これは仕事でもプライベートでも致命的なマイナスです。人は単に失敗した、ミスを犯したことだけでその人への信頼を失ったりはしません。その失敗やミスにどう向き合ったかによって、さらに信頼感を増したり、信頼できないと感じたりするものです。

　失敗やミスそのものよりも、その失敗やミスを再び繰り返さないためには、自分の誤りを認め、原因を深く掘り下げて多角的な視点から具体的な対策を講ずることが大事です。

　そのためには、頭で覚えるより、体で覚えることです。失敗の原因を探して、メモに書き留めておくのも一つの方法です。

(3)　ごまかさず、隠さず、正々堂々とリカバーを

　警察の仕事は、日々、流転する人間社会のひずみと向き合う仕事であるだけに難しく、だからこそ、警察活動には失敗と向き合う覚悟が必要です。特に、地域警察活動の現実は、「失敗がつきもの」といっても過言ではないでしょう。

　起きてしまった失敗は、ごまかさず、隠さず、正々堂々とリカバーし、明日への仕事に生かしましょう。

　そして、失敗を繰り返さないために地道な努力と苦労を重ねることで、将来、プロの警察官として成長することができるのです。

2　スランプに陥った場合

(1)　自発的に動く

　スランプは、命令で働かされていると思うときに起こるものです。ですから、どんな仕事でも自発的にやることです。

　命じられた伝票をつける場合でも、何か改善の余地はないか、認印はこの位置でいいかなど、自分で自分の仕事に検討を加え、工夫しながらすることが大切です。

(2)　目標を一つつくる

　今年中に、実用英語検定の資格をとろうということでもいいでしょうし、スキーのバッジテストに挑戦することでもいいのです。何か一つ目標を持つことにより励みが出てくるはずです。

One Action　　その言い訳、見破られています

　日頃から気を付けていても、トラブルに巻き込まれた際、約束の時間に遅れてしまうことがあります。そんなとき、つい、言い訳をしてしまいがちです。しかし、場合によっては相手を怒らせてしまうことがあります。自分の言った言葉が、相手にどのように受け止められているのかを考えてみましょう。

●会議の時間に遅れた！

私：出がけに捜査依頼の電話が入ってしまい、現場での処理に手間取ってしまったのです。

上司：
・さっき、あなたの所属部署に電話をして携帯電話で呼び出してもらうように頼んだんだよ。
・捜査が必要な事件は、管内では起きていないはずだが……。

●二日酔いで出勤に遅れた！

私：風邪をひいてしまい、寝込んでいました。

上司：
・息がお酒臭いね。
・ワイシャツとネクタイが昨日と同じだね。

●電車に乗り遅れた！

私：朝、いつも乗るはずの電車が遅れてしまい、遅刻してしまいました。

上司：朝は電車が遅れがちなのは知っているはずだ。遅延情報を確認して、早い時間の電車に乗ってほしかったよ……。

●現場での待ち合わせに遅れた！

私：署に資料を忘れて、取りに戻り、時間に遅れてしまいました。

上司：事前に必要なものをチェックしておくのが普通だろう……。

第4 電話の応対

電話は、掛ける人の人柄や知的レベルを反映するだけでなく、職場の気風やしつけが表れるものです。

電話では、相手の顔や姿が見えないため、横柄な態度になったり、投げやりな態度になったりしやすいものですが、その応対によって、お互いの感情がストレートに相手方に伝わるものであることを認識しましょう。

1 発信時

1 電話番号は正確に

電話番号は、よく覚えていると思っていても間違える場合が多いものです。電話を掛けてから、「すみません。間違いでした」では、相手方に迷惑をかけるだけでなく、大切な公費の無駄遣いにもなりますので、必ず番号を確認してからにしましょう。

2 電話前に用件を整理して

電話を掛けてから、「それからですねー。そしてですねー」といたずらにまとまらない話をしていたのでは、相手はイライラします。

また、通話の途中で「少々お待ちください」「おい、あの資料を大至急持ってきてくれ」ではお粗末です。

電話を掛けることは、相手の時間に割り込むことですから、あらかじめ、
- 何を話すのか
- そのために必要な書類は何か

など、用件を整理してからにしましょう。

第2章 職場でのマナー

3　伝言依頼

　代理人に用件を依頼することがよくあります。伝言を頼むのは、その人に手数をかけることになるわけですから、「お手数ですが……」とまず言ってから、承諾してもらえるような言葉遣いが必要です。

　そこで「△△さんに明日の3時にお目にかかりたいのですが、お手数ですが、このことをお伝えください」が望ましいでしょう。

4　留守番電話のマナー

　「なんだ、留守番電話か」と言って切ってしまう人がいます。相手が後で再生や着信履歴を確認することを考えて、次のような心得が必要でしょう。

- 所属・氏名をハッキリ名乗ります。
- 用件を手短に述べます。
- 用件をどのようにしてほしいのか、希望を述べます。

　留守番電話は一方的な送話で、話す時間が限定されているので、要領よく簡潔に話すことが大切です。

2　着　信　時

1　呼出音がしたらすぐに手を

　何回呼んでも相手が出てこないのでは、掛けた方はイライラしてしまいます。

　警察に掛かってくる電話は、急を要するものや、警察に協力しようとして掛けてくるものが多いので、電話が鳴ったら素早く受話器を取りましょう。

　やむを得ず、遅くなったような場合

には、「お待たせいたしました」と言うのがマナーです。

2　まず、所属と名前を

　受話器をとって、すぐ「はい、〇〇署（課）の△△です」と所属と名前を言うのがマナーです。

　また、自分が名乗っても相手が名前を言ってくれないときは、「失礼ですがどちらさまでしょうか」と相手を確認してから話題に入ります。

3　通話中の私語、雑談に注意

　受話器の通話口を塞いでいても、話の内容は相手に聞こえているものですから、相手に失礼な話はもとより、周囲で大声を出したり、私語、雑談をするようなことはやめましょう。

4　失礼のない取り次ぎを

　相手が呼び出す人を指名したときは、「少々お待ちください（ませ）」と言ってから取り次ぎます。相手が仕事上の関係者である場合には、「いつもお世話になっております」と付け加えることも忘れないようにしましょう。

　また、取り次ぎに際しては、

- 「△△会社の山田（社長）様から電話が入っております」
- 「木村は2人おりますが、木村よしおでしょうか。それとも木村いちろうでしょうか」
- 「鈴木はただいま席を外しております。〇〇時頃戻る予定ですが、こちらから電話させましょうか」

などとそれぞれ応対するのがよいでしょう。

5　間違い電話の処理

　忙しいときに間違い電話が掛かると、無愛想に「違います。」と言って切ってしまいがちですが、そんなときこそ優しく丁寧に「こちらは〇〇警察署です。おかけ直しください」のようなさわやかな応答が必要です。

　「××じゃないの？　おかしいな」などと、相手が番号の違いに気付かないときには、「何番にお掛けでしょうか。こちらは△△ですが」とこちらの

番号を言ってあげるのが親切です。

6　代理で用件を聞くとき

　名指し人が不在のとき、代わって用件を聞こうとする心掛けは良いことです。しかし、「△△はただいま、席を外しています。どんな用件ですか。よかったら聞いておきますが……」では、つっけんどんで、代わって聞くのがいかにも面倒くさそうに相手に聞こえてしまいます。

　この場合、「あいにくですが、△△はただいま、席を外しております。どのようなご用件でしょうか。よろしければ、私、○○と申しますがお伺いいたしますが……（承りますが）」と言えば、相手に与える印象も良くなります。そして、相手の用件をこちらの名指し人に伝えるときは「△△に伝えておきます」よりも「△△に申し伝えます」の方がよいでしょう。

　代理で用件を聞いたときは、相手に自分の名前を伝えておきましょう。

7　どちらが先に電話を切るか

　話が終わって電話を切る場合には、一般的に「掛けた方から切る」のが正しいとされています。しかし、相手が上司や目上の人のときは、先方が切ったのを確かめてから切るのがマナーです。

　また、自分の方から先に電話を切る場合であっても、「ありがとうございました」「それではよろしくお願いします」などと挨拶をしてから静かに受話器を置くのがよいでしょう。

3　その他の注意事項

- 通話中、あめやガムなど、口にものを入れて話すといった、だらしない態度は慎みましょう。
- 電話が途中で切れたときは、掛けた方から掛け直しましょう。
- 来客中に電話があったときは、相手に断ってから電話に出ましょう。
- 用件のあらましを聞いてから、次々に電話をたらい回しにしてはいけません。
- メモの用意を忘れないようにしましょう。

第5 受付と応対

受付や窓口は、「その職場の顔である」と言われています。そこでの応対の善し悪しによって、その職場全体が評価される重要な仕事です。

また、警察に用事がある人というのは、多くの場合困りごとや苦情などを抱えてくることが多いものです。その上、警察というところは、一般の人から見ると「怖い」とか「堅い」とかの先入観があることが多く、緊張して入ってきます。

そこで、警察官の優しい応接やほほ笑みに会うと、気持ちがほっとするということを聞きます。「ソフトな対応」を心掛け、明るくさわやかな市民応接を心掛けましょう。

私一人くらいという安易な気持ちは捨てて、常に明るく、相手の身になった応対に心掛けましょう。

1 受付の基本

受付の基本は、来訪者に対し、いかに好感を与えるかにあります。
応対に当たっては、次の点に注意しましょう。

- 「はい」と返事をして、素早く立って、笑顔で迎えましょう。
- 相手の顔や服装をじろじろ見たり、にらみつけたりするのは、マナー違反です。
- 忙しいときでも、面倒くさそうな素振りをしてはいけません。
- 腕組みをしたり、飲食等しながらの応対はやめましょう。
- 相手の身なりや社会的地位によって言葉や態度を変えてはいけません。
- 相手が興奮したり、横柄な態度だったりしても、常に冷静、沈着に応対しましょう。
- やむを得ず中座するときや来訪者を待たせるときは、その理由を告げ、できるだけ早く用件を済ませて応対しましょう。
- 来訪者のたらい回しはやめましょう。

2　案内の仕方

▶ **案内は、来訪者の斜め前で**

- まず、「御案内いたします」「こちらへどうぞ」などと案内する旨を告げます。
- 次に、手を差し伸べて案内する方向を示し、来訪者の斜め前に位置して案内します。
- また、廊下の曲がり角付近では、ちょっと立ち止まり、曲がる方向を示すとさらに親切です。

▶ **室内への案内**

＜右（左）内開き（押し）ドアの場合＞

- 右（左）手でドアの握りを持って、ドアを押しながら案内人が先に入ります。
- 案内人は、入室したら体を回して内側の握りを左（右）手で持って軽く一礼し、来訪者を入れドアを閉めます。

＜右（左）外開き（引き）ドアの場合＞

- 右（左）手でドアの握りを手前に引き、軽く一礼し、「どうぞ」と言って来訪者を先に入室させます。
- 続いて案内人が入室し、後ろ向きになり、左（右）手でドアの内側の握りを引いて閉めます。

▶ **エレベーターの案内**
- 乗り降りは来訪者が先です。複数の来訪者を案内する際には、自分が先に乗るため、「お先に失礼いたします」と一声掛けましょう。
- 降りる際は、「こちらでございます」と方向を示した上で、来訪者に降りてもらいましょう。

計器盤の前が下座。奥が上座。

▶ **お見送り**
- お見送りの際は、来訪者が振り返る場合があるため、来訪者の姿が見えなくなるまで行います。

    エレベーター　ドアが完全に閉まるまで
    徒　歩　　　　来訪者が視界から見えなくなるまで
    車　　　　　　お辞儀の後、一旦、立ち姿に戻り、来訪者が視界から見えなくなる直前に、再度、お辞儀をする。

アポイントメント

相手先との会合・面談の約束。通称「アポ」。「テレアポ（テレホンアポイントメント）」は、主に商談の約束を取りつける意味で使われる。

第6 名刺交換、席順についての知識

　名刺交換は、あなたの印象が決まる重要な機会です。警察官として、礼儀正しく行いましょう。
　また、会議などの席順も、テーブルの並べ方や部屋の構造により、上席等に違いがあります。正しく理解しておきましょう。

1　名刺交換

1　名刺交換の手順

1　受渡しは起立して行い、目下の人から「私は、〇〇署（所属部署に応じて適宜変更する）の〇〇と申します。よろしくお願いいたします。」と挨拶して渡す。
2　相手に対して、自分の名前が読める向きにして、胸の高さで渡す。
3　受渡しは両手で行う。同時交換の場合は、右手で自分の名刺を渡し、同時に相手の名刺を受け取る。

2　受け取った名刺の置き方

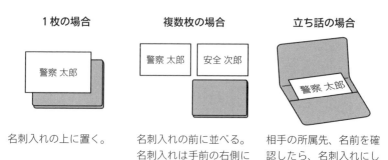

1枚の場合	複数枚の場合	立ち話の場合
名刺入れの上に置く。	名刺入れの前に並べる。名刺入れは手前の右側に置く。	相手の所属先、名前を確認したら、名刺入れにしまう。

2　席順

1　会議の席順

会議の席での上席は、原則として、
- 並びでは、入口の反対側
- 同じ並びでは、中央
- 左右では右側

がそれぞれ上席になります。

円卓式の席には、上下の区別がありません。国際会議などで、円卓式が用いられるのが多いのはこのためです。ただし、円卓式の中華料理の席など食事の場合は、床の間や入口などとの関係で、席の上下を決めることがあります。

席の並べ方は、対面型、コの字型、箱型などがありますが、席順の原則は次の図のとおりです。

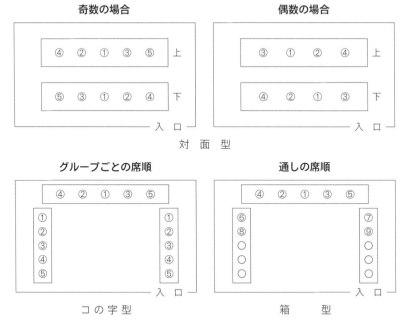

箱型の場合は、対面型とコの字型の組み合わせとなり、コの字型の入口側に対面型と同様な並びが加わります。

2 会食時の席順

　会食の場合も、原則は会議の場合と同様ですが、和室の場合は、床の間のある方が上席となります。

　床の間の並びでは、奇数のときは中央が上席であることに変わりありませんが、左右の関係では、右の図のように、入口に遠い席、あるいは床の間に近い席を上席とします。つまり、部屋の構造により例外もあるわけです。

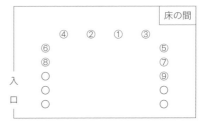

　また、対面型の席では、主賓側の席の上下に面して、ホスト側の席の上下も合わせるのが普通で、下の並びでは、左右の上下関係が逆になります。

対　面　型

3 自動車内の席順

　自動車の場合は、後部座席の運転手の後ろの席が最上の席となります。その反対側のドア側が2番目、真ん中が3番目です。そして運転手の横の席が4番目です。

　したがって、自動車に乗車するときには1番目の先輩を最上席に乗せ、その次に3番目の人を真ん中の席に乗せて、その次に2番目の先輩を乗せてから前の席に4番目が乗り、最後に運転をする人が乗ります。

このように一応の席順は頭に入れておく必要はありますが、そのときの状況に応じて臨機応変に扱わないと、かえって有難迷惑になることもありますから注意しましょう。

例えば、道順で先に降りる人、足腰の弱い人、非常に太っている人などは目上であっても降りやすい席に案内することが大切です。無理に奥の上席に座らせてしまっては迷惑します。

乗車したら、シートベルトを全席で必ず着用しましょう。

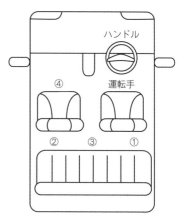

① 最上席
② 次　席
③ 3番目
④ 4番目
乗車順　①－③－②－④

フォーマット
①　形式又は書式。
②　コンピュータで、データやその記録媒体に設定される一定の形式。
③　記憶媒体にデータを記録できるようにするため、一定の形式で記録領域を区分し、管理領域を設けること。初期化。

第 2 章　職場でのマナー

第7 飲み物の接待

お茶などを来訪者や上司に出すとき、また訪問先で出されたときに、あまり作法に外れたことをしたら、相手に失礼に当たります。

別に気どってお茶をすすめたり、また飲む必要はありませんが、やはり見苦しくないすすめ方、飲み方をしたいものです。

1　お　茶

1　お茶の淹れ方

お茶は、上等なものを使うのにこしたことはありませんが、せっかくの上等なお茶も淹れ方が下手では、味も香りも出ません。

一般的には、次の方法によることが良いとされています。

煎茶の場合
① 湯をよく煮立てます。
② きゅうすに湯を人数分入れ温めます。
③ 茶碗は、茶たくの上でなく、盆の上に人数分並べます。
④ 茶碗にきゅうすの湯を移して温めます。
⑤ きゅうすへお茶の葉を入れます。
（5人分で小さじ4杯）
⑥ 茶碗の湯が80度ぐらいになるまで冷ましてから、その湯を再びきゅうすにつぎます。
⑦ 3分ぐらいしてお茶の葉が開ききったら、茶碗に少しずつつぎ、一回りしたら今度は逆回りで順次つぎ、最後の一滴も残らないようにします。
⑧ お茶の量は七分目とします。

「一煎目は香り、二煎目は甘み、三煎目は渋みをいただく。」といわれているように、二煎目、三煎目はすぐ味が出るので、一煎目より手早くつぐようにし、きゅうすの湯を必ず絞りきることがコツです。
　しかし、このような煎茶の淹れ方はまれで、普通は、お茶の葉をきゅうすに入れて、熱湯を少し冷ましてつぎ、しばらく浸出時間をおいて、茶碗へつぎます。
　お茶の葉は、三煎目までで、あとは取り替えるのがよいでしょう。

番茶・焙じ茶・玄米茶の場合

　「番茶も出花」ということわざどおり、第一煎目にうまい茶味が出るのが番茶です。
　お湯を沸騰させたらすぐにきゅうすにつぎ、時間をおかずに茶碗へつぎます。時間が長くなると苦くなります。
　また、煎茶と同様にきゅうすに湯を残さずに茶碗につぎきることが大切です。
　出がらしのお茶に新しく足すこともよくありません。

2　お茶のすすめ方

- 　来訪者には、お茶を出すのが礼儀です。遅くならないうちに出すよう心掛けます。
- 　来訪者を待たせるときは、取りあえず来訪者だけにお茶を持っていきます。
　来訪者を待たせておいて、職員が相対するようになって、初めて2人分のお茶を運ぶことは失礼に当たります。
- 　お茶は、できるだけ新しい、熱いものを出します。
　なまぬるいものや、出がらしと思われるようなもの、ほとんど白湯に近いものを出すのは失礼です。
- 　茶碗は、欠けたり汚れたものを使ってはいけません。
　盆なども、汚れたり、ぬれたものなどは出さないようにしましょう。
- 　茶たくにお茶をこぼさないようにします。
　茶碗の底からの滴で衣服、書類などをぬらすことがあるからです。こぼれた滴は、茶きんで拭き、茶たくも拭きます。

- 茶碗に絵模様があれば、その大きいほうを表として来訪者に向けて出します。
- 相客があれば上位（席）の客から、来訪者と職員であれば、来訪者の方に先に出します。
- 個室へ運ぶときは、ドアをノックしてから入ります。

  話の内容を聞かないようにします。また、小耳に挟んだことを他人に話したりすることは絶対避けなければなりません。
- 用談中の来訪者にお茶を出すときは、話の切れ目に、なるべく広く開いている空間からソッと差し出し、静かに置きます。
- お茶を勧めるとき、黙って軽く会釈して、茶碗を来訪者の前に出してから改めて「いらっしゃいませ」「どうぞおひとつ」とすすめるのが正しいマナーです。

  手に盆を持ったまま挨拶すると、茶碗の中に自分のつばが入るおそれがあるからです。
- 飲み物の出し方は、右手で来訪者の左方から出して左方から下げ、また、食べ物の場合は、右手で来訪者の右方から出して右方から下げるのが正式とされています。

3　お茶の飲み方

　自分の前にお茶が出されたら、会釈をしてこたえるのが礼です。そして飲むときは、右手（両手でもよい）で茶たくを持って静かに手前に引き寄せ、ふたのある場合は、ふたを右側へ上向きに置きます。

　そして、右手で茶碗を持って左掌に乗せ、茶碗に表となる模様（正面）があれば、左へ回して正面を避けます。

　右手を添えたままで飲むと、品良く見えます。しかし、男性の場合は、右手で持ったまま口へ運んでもよいでしょう。

　一口、二口飲み、茶碗を茶たくの上に置きます。ふたのある茶碗は、飲み終えてもふたをしなくてもよいのですが、帰り際にはふたをしておきます。

　お茶は基本的に、飲み干すのがマナーです。

2　コーヒー

1　コーヒーの淹れ方

コーヒーをおいしく淹れるコツは、
- 器具とカップをよく洗っておき、コーヒーを淹れるときにはカップに熱湯を通して温めておきます。
- いつでも新しい水を沸かし、汲みおきの水や湯ざましは使わないようにします。
- お湯は八分目の量とします。

2　コーヒーのすすめ方

コーヒーのカップに絵柄がある場合は、その絵を飲む人の正面に向け、持ち手は飲む人の右側に向けます。また、ミルクや砂糖は別に出してすすめます。

3　コーヒーの飲み方

シュガー・ポット（砂糖つぼ）が出されていたら、それから適当に入れ、さらにミルク又はクリームの器が出されているときは、好みの量をつぎます。

次に、カップの取手を左手で押さえて、右手でスプーンを取り、静かにかきまぜてから、スプーンをカップの向こう側に置きます。

そして、右手でカップの取手を持って飲みます。

3　紅茶

1　紅茶の淹れ方

紅茶は、発酵した茶葉ですから、熱いお湯でないとおいしく出ません。大体90度ぐらいがよく、80度に下がると香りが悪くなります。そのため、紅茶を淹れるカップはお湯を通して温めておきます。

2　紅茶のすすめ方

　アメリカ式……紅茶のカップの取手を客の方から見て右にし、スプーンの柄も右にして、その手前に置きます。
　イギリス式……取手を左に、スプーンの柄を右にします。
どちらの方法でもよいでしょう。

　紅茶茶碗には、受け皿がありますので、より安定に注意し、受け皿を両手で持って客の前にすすめます。

　数人にすすめるときは、客の右側から出します。

　レモンや砂糖は、別の容器で出すのが正式とされています。

紅茶は飲み干すのがマナー

3　紅茶の飲み方

　シュガー・ポット（砂糖つぼ）が出されたり、袋砂糖なら、好みの分量を入れ、静かにかきまぜます。

　レモンが添えてあるときは、カップの縁にかけて、滑らせるようにして紅茶に浮かします。レモンを長い間入れたままにしておくと、苦みが出ます。レモンをスプーンに乗せて引き上げ、カップの向こう側に置きます。

　そして、右手で取手を持ち口元に運びます。左手は受け皿の縁に軽く添えるとよく、左手は日本茶のようにカップに添えてはいけません。もしテーブルと椅子の間が離れていれば、受け皿ごと手前に引き寄せるか、左手で受け皿ごと膝の上に取り、右手でカップを取って頂きます。

　紅茶は、残りなく飲み干すのがマナーで、溶けない砂糖や飲み残しのあるのは、不満を意味して失礼に当たります。

知っておきたい **KEYWORD**

コミットメント
責任を伴う約束、態度表明。個人若しくは組織の目標を明確に設定し、達成できない場合、その責任を明らかにする。

第8 ハラスメントのない職場づくり

　ここ数年、官民問わず様々なところで話題になっていますので、聞いたことのある人は多いと思います。ハラスメントとは、セクシュアル・ハラスメント、パワー・ハラスメント、その他職員の人格若しくは尊厳を著しく害し、職員に精神的若しくは身体的苦痛を与え、又は職員に不利益若しくは勤務意欲の低下をもたらす不適切な言動（いじめ、嫌がらせ）を総称したものをいいます。

1　なぜハラスメントを防止しなければならないのか

1　重大な人権侵害

　ハラスメントは、個人の尊厳や名誉、プライバシーを侵害する重大な人権侵害行為であり、許されないことです。

2　組織の戦力ダウン

　ハラスメントによって深刻な被害を受けた職員は、精神や身体の健康を害してしまうことから、長期にわたって休職したり、時には、退職に追い込まれたりすることもあります。
　そのようにして生じた欠員を簡単に補うことはできないため、長期にわたり、大きな戦力ダウンとなります。

3　能力発揮に支障

　ハラスメントが発生するような職場では、男性又は女性に対する意識や役割に対する誤った認識があります。相互のコミュニケーションが不足し、組織が職員を意欲と能力に応じて活用しようという方針がないなどの問題を抱えていることが多く、職場環境の悪化が著しいことから、個々の職員が持てる能力を十分に発揮できず、仕事の効率も低下します。

4　行為者（加害者）にも大きな不利益

ハラスメントの程度が悪質であり、職場全体の秩序に影響を与えるような場合には、任命権者による懲戒処分等の制裁が科されることがあります。

懲戒処分には免職、停職、減給及び戒告の4種類がありますが、いずれの場合も、行為者（加害者）に人事面や給与面等で多大な不利益が及びます。

2　セクシュアル・ハラスメントが起こる原因や背景

1　職場環境の問題

職場環境が男性中心の発想から抜け出せず、女性職員を補助的労働力としか見ない場合や、逆に女性職員が活躍している職場で、男性職にあまり期待をしていないような場合、セクシュアル・ハラスメントが起こりやすい職場環境といえます。

女性に対しても男性に対しても、セクシュアル・ハラスメントは起こり得ます。問題は、相手の尊厳を踏みにじることから発生します。

2　職員の意識の問題

異性の職員を対等なパートナーとして見ていない性別役割分担意識に加えて、性的な関心や欲求の対象として見ていることがセクシュアル・ハラスメントにつながるのです。

◇性別役割分担意識の段階
・自分の領域を女性（男性）に侵害されたくない
　（異性を職場から排除）
・対等な労働力として明確に拒否
　（女性は職場の花という意識など）
・異性を軽く見る
　（これくらい許されるだろう）
　（「女の子」「おばさん」「ぼうや」「若造」と呼ぶ）

＋

これに、「性的な関心・対象として見る意識」が加わると

→

◇「性的な言動」へと発展します
・故意の攻撃的な性的言動
・性的関係を求める
・身体に接触する、性的な噂をする
・ヌードポスター等を貼る、性的な冗談を言う

3　職場におけるセクシュアル・ハラスメント

1　セクシュアル・ハラスメントとは

　他の者を不快にさせる職場における性的な言動及び職員が他の職員を不快にさせる職場外における性的な言動をいいます。

2　「職場」とは

　職員が職務に従事する場所をいい、出張先その他当該職員が通常勤務している場所以外の場所も「職場」に含まれます。また、勤務時間以外の宴会であっても、実質的に職場の延長線上のものであれば職場に該当しますが、その判断に当たっては、職務との関連性、参加者、参加が強制的か任意か等を考慮しなければなりません。

勤務中の車中、ここも職場です。これは職場のセクシュアル・ハラスメントです！

3 「性的な言動」とは

「性的な言動」とは、性的な内容の発言及び性的な行動を指します。

職場における性的な言動のほか、職場外における性的な言動もセクシュアル・ハラスメントに含まれます。また、女性職員が女性職員に対して行う場合や、男性職員が男性職員に対して行う場合も含まれます。

4 「性的な内容の発言」とは

性的な事実関係を尋ねること、性的な内容の情報（噂）を意図的に流布すること、性的な冗談やからかい、食事やデートへの執拗な誘い、個人的な性的体験談を話すことなどが、それに当たります。

5 「性的な行動」とは

性的な関係を強要すること、必要なく身体へ接触すること、わいせつ図画を配布することなどが例としてあります。

6 職場のセクシュアル・ハラスメントの種類

(1) 「対価型セクシュアル・ハラスメント」とは

職員の意に反する性的な言動に対する職員の対応（拒否や抵抗等）により、その職員が解雇、降格、減給等（昇進・昇格の対象から除外、客観的に見て不利益な配置転換等）の不利益を受けることです。

必要なのは権力ではありません。モラルです。

(2) 「環境型セクシュアル・ハラスメント」とは

職員の意に反する性的な言動により、職員の就業環境が不快なものと

なったため、能力発揮に重大な悪影響が生じるなど、その職員が就業する上で看過できない程度の支障が生じることです。

4　パワー・ハラスメントが起こる原因や背景

1　環境等の変化

パワー・ハラスメントの問題が認識されるようになった背景としては、
- 経済のグローバル化による競争の激化、終身雇用・年功序列制度の崩壊、能力主義・成績主義の導入等、社会が目まぐるしく変化し続け、一人ひとりの業務負担が過多となり、職場に余裕がなくなっている
- 雇用形態の多様化、世代間の格差から、職場における人間関係が大きく変化し、ギスギスしたものとなり、行き過ぎた指導やリストラなど意図的な嫌がらせが起きている
- 管理監督者にかかる重圧がますます厳しくなり、心身の余裕がなくなり、イライラが高じて、いつパワー・ハラスメントに発展してもおかしくない状態になっている

ことなどが挙げられています。

2　職員の意識の変化

　年功序列型の雇用形態では、定年まで一つの職場で勤め上げるのが望ましいとする考え方が一般的であったことから、上司から厳しい指導をされても、自分の将来を考え、あえて問題にするようなことはしませんでした。

　しかし、最近は、定年まで一つの組織で働き続けられる可能性は、以前に比べれば相当低くなっており、また、転職に対する抵抗感が弱まっているともいわれています。

　他方で、地域や家庭、教育現場でも厳しい指導をすることは少なくなり、ストレス耐性が弱まっている若者が多いという指摘もありますし、価値観の多様化に伴い、従来の「俺についてこい」型の指導にはなじめない人が増えているともいわれています。

3 苦情を申し立てやすくなった

男女雇用機会均等法で、セクシュアル・ハラスメント防止について事業主の措置義務が規定され、職場におけるセクシュアル・ハラスメントへの対応が進んできたことに伴い、ハラスメントに対する認識が高まりつつあり、ハラスメントに関する苦情を申し立てやすい状況になっています。

5　職場におけるパワー・ハラスメント

1　パワー・ハラスメントとは

職務上の地位、人間関係等の職場内での優位性を背景に、業務の適正な範囲を超えて、職員に精神的若しくは身体的苦痛を与え、又は職場環境を悪化させる言動をいいます。

2　「職務上の地位、人間関係等の職場内の優位性を背景に」とは

上司としての地位を不当に利用し部下に対して行う行為はもとより、直接の上司でなくても、相手に対して実質的に影響力のある者（同僚同士であっても、キャリアや技能に差があるような場合等）が、その影響力を不当に利用する行為を含みます。

（例）
- ■　先輩が、後輩に対して、業務とは無関係なことについて、冷やかし、からかい、嘲笑し、悪口を言う。
- ■　上司等の指示・意向等に同調し、複数の者が特定の人を無視する。

3　「業務の適正な範ちゅうを超える言動」とは

(1)　内容・程度
- ・　刑法の罪（暴行、傷害、名誉毀損、侮辱、脅迫等）に当たるものは該当します。
- ・　法令に違反する行為を強制、強要するものは該当します。
- ・　相手の人格や尊厳を害する意図がなくても該当する場合があります。

（例）
- ■ 「存在が目障りだ。」「いるだけでみんなが迷惑している。」「お願いだから消えてくれ。」と言う。
- ■ 「Ａがどこへ飛ばされようと、俺はＡが仕事をしないやつだと言いふらしてやる。」と言う。
- ■ 「君のことをみんなが人格の低い人と言っている。」と言う。
- ■ 「お前は組織を食い物にしている、給料泥棒。」と言う。

- 業務上の必要がない場合（合理的理由がない場合）、必要な範囲を超えている場合は問題となります。
- 業務上の指導、監督、教育であっても、相当性（表現、回数、態様等）が問われます。
- 人格を非難、否定する意味内容の言動や身体に対して害悪を加える趣旨を含む発言は該当します。

- 著しく粗野・乱暴な言動は問題となります。感情的な叱責も好ましくありません。

（例）
- ■ 殊更に「お前は係長だろう。係長らしい仕事をしろよ。」「お前は覚えが悪いな。」「バカかお前は。係長失格だ。」などと執拗に誹謗する。
- ■ 「いいかげんにしろ。殺すぞ。」などと声を荒らげながら脅迫的な発言をする。
- ■ 大声で怒鳴る、ごみ箱を蹴る、机をたたく。
- ■ 長時間部下を机の前に立たせたまま、ミスを執拗に責める。

(2) 態　様
- 口頭の発言はもとより、電話、手紙、メール等を含みます。
- 攻撃的、脅迫的、悪意ある、又は侮辱的な言動はもとより、相手を孤立させる、無視する、仕事を与えない、必要な情報を与えない等の妨害も含みます。
- 人事権（異動、人事評価、昇進昇格、降格等）の濫用及びその旨を告げることも含みます。

- 不必要な過重労働の強制も含みます。

> （例）
> ■ 組織の意のままにならない管理職を、職場にいづらくさせ退職させることを目的に、通常は行われることのない業務への配置転換を行う。
> ■ 専門的な業務に配置転換されたばかりの若手に、到底達成できないようなノルマを課し、業績が上がらないことを責める。

4 「精神的又は身体的苦痛を与え」とは

- その原因となった出来事を本人がどのように受け止めたかではなく、多くの人々が一般的にはどう受け止めるかという客観的な基準によって評価する必要があります。
- 直接の対象者だけではなく、周囲の職員にも苦痛を与える場合があります。

> （例）
> ■ 上司によるパワー・ハラスメントが他の同僚の面前で行われるため、他の同僚も、次は自分が標的になるのではないかと萎縮する。

- 雇用不安を与えることも含みます。

> （例）
> ■ 「あんたに払う給料があれば、若くて有能な職員を2人以上雇えるんだけどな。」と言う。

5 「勤務環境を悪化させる」とは

その人や周囲の人々の就労環境が不快なものとなったため、能力の発揮に重大な悪影響が生じる等就業する上で看過できない程度の支障が生じることをいいます。

6 パワー・ハラスメントを起こさないために

警察学校を卒業して半年、1年、2年……と経過すると、後輩が警察学校を卒業してきますので、先輩として後輩に仕事の要領を尋ねられ、アドバイスを求められるようになります。

さらに年数がたち、昇任試験に合格して巡査部長以上の幹部職員になると

部下ができ、上司として部下職員を指導する場面も出てきます。

このようなとき、時に厳しい指導が必要な場面もありますが、厳しい指導とパワー・ハラスメントは明確に区別する必要があります。

先輩・上司から見て、後輩・部下に対して物足りなさや不満を感じることもありますが、一時的な感情で一方的に後輩・部下を傷つける言動は避けなければなりません。

指導・叱責等をする際には、次の諸点に配意する必要があります。

(1) 思い込みは危険

「部下を成長させるために鍛える。」「自分が若い頃はもっと厳しい指導を受けてきた。」「この程度なら許される。」というのは、自分勝手な思い込みかもしれません。

部下は、職場での上下関係や人間関係を考え、我慢しているのかもしれません。部下の立場を考え、言い分を聞くことにも心掛けてください。

そうしないと、上司の意図、思い込みとは別に、部下が威圧感を感じたり、不快に思ったりすることがあります。

(2) 叱責の範囲は問題となった件に絞る

過去の失敗を蒸し返したり、同じことをネチネチあげつらったりするようなことはせず、叱責の範囲は、問題となった件に絞ってください。

「お前はいつもそうだ。」「そういえば、前にもこんなことがあった。」などの言辞はNGです。

(3) 人格を否定するような表現は避ける

「バカかお前は。」「死ね。」「給料泥棒。」「使いものにならない。」などの言辞もNGです。

(4) 叱責の対象は本人に限定し、家族や友人など親しい人を引き合いに出さない

(5) 時間外や勤務場所以外においても注意

パワー・ハラスメントは、セクシュアル・ハラスメントと同様、職場内だけで起こるものではありません。勤務時間終了後の宴会の場や休日の携帯電話での連絡等であっても起こるケースが見受けられます。勤務時間外の言動にも注意が必要です。

```
┌─────────────────────────────────────────────────────────┐
│      ●●　セクハラとパワハラの違い　●●                    │
│         パワハラの判断には客観性が求められる！             │
│                                                         │
│   セクハラの場合、その行為がセクハラに当たるかどうかは、基本的には受け手  │
│  の感性によることから、行為者がいくら「そのつもりはなかった。」と言い訳を │
│  しても原則として通用しません。                            │
│   セクハラをでっち上げて気に入らない上司を陥れようとする場合は別として、 │
│  **受け手がセクハラと感じたらセクハラになる**ということです。          │
│   **しかし、それを、そのままパワハラに適用することはできません。**      │
│   その理由は、いくら正当な指導であったとしても、受け手にとっては通常不快 │
│  であり、また、精神的な痛みを感じるものですから、セクハラと同様に「受け手 │
│  が不快に感じたらパワハラ」ということになると、指導自体が許されないことに │
│  もなりかねないからです。                                 │
│   したがって、**パワハラは、セクハラと比較すると、より客観性が要求されるこ**│
│  **ととなります。**                                        │
│   パワハラの場合は、セクハラのように受け手の感性だけではなく、客観的に行 │
│  為の内容が判断されることとなりますから、上司は、「パワハラと非難されるの │
│  が怖くて部下を叱れない」などと考え、正当な指導をちゅうちょすることがない │
│  ようにしてください。                                     │
└─────────────────────────────────────────────────────────┘
```

6　職員の心構え

1　ハラスメントを受けたとき

(1) はっきりと意思表示しましょう

　　ハラスメントは、受け流しているだけでは状況は改善されません。「やめてください。」「私はイヤです。」と、あなたの意思を伝えましょう。

　　黙って我慢していると、事態をさらに悪化させてしまうことがあります。問題を解決していくことが、同じように悩んでいる他の人を救うことにもつながります。

(2) 相談窓口に相談しましょう

　　ハラスメントは個人の問題ではなく、警察組織全体の問題です。

　　ほとんどの都道府県警察で、ハラスメント相談を受理するホットライ

ン（電話、メール）や所属ごとに指定するハラスメント相談員制度等を設けています。

相談員は聞き取った相談内容を警察本部人事担当者（警務課等）に報告します。

警務課等では、事実確認を行うとともに、相談者に対する助言や行為者に対する指導、場合によれば人事配置の見直しを行うなど、相談者の置かれた状況を改善し、職場環境の悪化を改善するための措置を講じます。

あまり大げさにしたくない、行為者への指導は待ってもらいたい……といった要望があるかもしれませんが、相談員等はプライバシーを厳守するとともに、相談者の意向を十分に踏まえた対応をしますので安心して相談してください。

もちろん、相談員ではなくとも、身近にいる信頼できる上司、同僚、同期生等でも構いません。

2 自身の言動に注意

本人の意図や思い込みとは別に、相手を不快に感じさせることがあります。また、相手は職場での上下関係や人間関係を考慮して、拒否の意思表示が行えないまま、イヤだと思いながらも我慢したり、笑ってごまかしたりすることがあります。相手の気持ちや立場を尊重し、自分の言動に十分注意する必要があります。

3 ハラスメントやその兆候を見かけたときに対処すべきこと

ハラスメントやその兆候を見かけたときは、個人間の問題だとして無関心でいないで、行為者に対してやめるよう注意を促したり、上司やハラスメント相談員、本部相談員に相談したりすることが必要です。同僚が悩んでいるような場合は、気軽に相談に乗ってあげましょう。

4 相談を受けたときに対処すべきこと

同僚・友人等として相談を受けたときの対応としては、相手を非難する、我慢するように説教する、問題を軽くとらえるなどはしてはいけません。相手の意思を無視したり、一方的な譲歩、犠牲において解決しようとしたりす

るのは、相談者をさらに傷つけることになります。

　興味本位に話を聞くことや、無理に聞き出すことは避け、相談者の問題を十分に理解し、受け止めてあげることが大切です。

・公正真摯な態度
・丁寧で迅速
・秘密厳守

□相談対応の心得
・はじめの対応が非常に重要。適切・迅速に対応すること。
・相談者やその相談内容に関係する者のプライバシーや名誉などを尊重し、知り得た事実の秘密を厳守すること。
・相談は公正真摯な態度で、丁寧に聞くこと。

☑ **Check Point**　相談・苦情の受け方

☐ 相談者と行為者の関係（上司・部下・同僚、他部門等）
☐ 問題とされる言動がいつ、どこで、どのように行われたか
☐ 行為者の行動に対し相談者はどのように感じたか
☐ 相談者は行為者にどのような対応をとったか。また、それに対する行為者の反応
☐ 行為者の行動について、以前にも行為を行っていたか、また、他の人に対しても同様な行為を行っているか
☐ 上司等に相談したか
☐ 現在の相談者と行為者との状況はどうか

職場のいじめ・嫌がらせに関する円卓会議で紹介されたある企業役員のメッセージから

　全ての社員は、その家族にとって、自慢の娘や息子であり、尊敬されるお父さんやお母さんである。
　そんな人たちを、職場のハラスメントでうつに至らしめたり、苦しめたりしていいわけがないだろう。

第 3 章

指導者(先任者)としての心得

　指導者の任務は、組織体においてその機能を十分に発揮させ、使命を達成することにあります。そのためには、一定のルールに従って、職務が効率的に行われているかどうか確認し、指導督励することが必要です。組織の成果の良否は全て指導者によって決まります。

　価値観が多様化し、帰属意識が希薄化したといわれる今日、先任者と新任警察官との間には少なからず考え方に隔たりがあるのも事実です。

　今、職員一人ひとりに求められるものは、幾多の試練と経験により築き上げられた輝かしい警察組織の伝統を守り、更に発展させ、後世に引き継いでいくことにあります。

　したがって、先任者は、常に時代に沿った新しい考えを持ち、新任警察官が誇りと使命感を抱けるよう、育成に取り組むことが大切です。

1　指導者(先任者)に求められる資質・能力

　新任警察官は、法や規則で縛り付けるだけでは育ちません。新任警察官を指導・育成していくためには、相互の理解と信頼が基本であり、指導者としての権限にその人の人間的魅力が加味されて、初めて心から動いてくれるものです。

　指導者に求められる資質・能力は、数多くあり、立場によってその比重も異なりますから、常日頃から書物に親しんだり多くの人に接して自己啓発に努めなければなりません。

> **One Action** 指導者(先任者)に求められる一般的な資質・能力
>
> **人格・識見**
> 　信念　誠意・誠実　明朗性　正義感　使命感　責任感　度量　良識
> 　洞察力　表現力
> **姿勢・態度**
> 　清廉・潔白　熱意・情熱　率先垂範　公平性　創造性　言行一致
> 　感謝の心　柔軟性と厳格性
> **実行力・決断力**
> 　判断力　先見性　平常心　勇気と忍耐　企画力　臨機応変
> **指導力**
> 　統率力　説得力　実態掌握力　信賞必罰
> **危機管理能力**

2　指導者(先任者)としての姿

1　自己啓発に努める

　先任者として新任警察官を指導していくには、まず指導者自身が信頼される人間でなければなりません。
　信頼は、個人的な魅力によるところが大きいことから、自己啓発に努め、常識や教養を高め、豊かな人間性を養う努力を怠ってはなりません。

2　率先垂範する

　後輩の悪い点、例えば「仕事をしない」「やる気がない」は、指導者自身の姿の反映です。何事も自らが率先して行い、進んで困難に向かう勇気、また決断力を身につけることが必要です。

3　公平である

　上に立つ者が誰にも公平に接するということは、大変難しいことですが、誰もが望んでいることです。公私の区別を明らかにし、自己には厳しく、私情や感情は抜いて公平に接する態度が必要です。

4　責任を回避しない

自己の負うべき責任を回避するようでは、全体の士気も低下し、後輩からの信望もなくなり、リーダーとしては失格です。困難な事態に遭遇しても強い信念を持ち、自ら負うべき責任を他に転嫁するようなことがあってはなりません。

5　新任警察官に迎合しない

甘やかしや遠慮は愛情とはいえません。後輩に誤った点があったならば、自らの信念に基づき毅然たる態度で注意する勇気を持つことが必要です。

自分の誤りを誤りと気付かない場合もよくあることですから、さりげなく諭してやることも大切なことです。

3　指導の基本

政治、経済、社会の変化が激しい時代に対応するため、業務の改善や人材確保の方策を推進していますが、型にはまった指導からは、型にはまった発想しかできません。

警察組織も独創的なアイディアをもって業務改善等を進めていく必要がありますから、これからは型にはめこむ指導ではなく、本人の個性や創造力を伸ばし、新しい発想のできる職員が育つよう指導していくことが大切です。

> ☑ **Check Point**　指導者（先任者）として嫌われるタイプ
>
> 初めから理想的な指導者になることは至難の技です。まずこんな指導者にはならないように努力しましょう。
> ☐ 指示、命令を明確に伝えず、分かりやすく説明しない。
> ☐ 後輩の仕事を把握・理解していない。
> ☐ 仕事はやって当たり前と、ねぎらいの言葉がない。
> ☐ 無口で頑固である。
> ☐ 自分の考えだけで、後輩の考えを聞こうとしない。

- ☐ 自分一人で何でもやりたがる。
- ☐ 決断力がなく、方針が決まらない。
- ☐ 仕事の結果を適正に評価していない。
- ☐ 後輩の人柄、能力、立場を理解していない。
- ☐ 自分の言ったことに責任を持たない。

☑ *Check Point* 指導者（先任者）としてのセルフチェック

　指導者として後輩を指導していく上で、日常注意を払わなければならない点は数多くありますが、普段から自分としてのチェック項目を設定し、1日の終わりや仕事の節目にチェックすることが必要です。

1　後輩について把握をしているか
- ☐ 性格や長所・短所をつかんでいるか。
- ☐ 家庭事情や身上関係を把握しているか。
- ☐ 後輩についての評判を知っているか。
- ☐ 仕事や生活の態度に気を配っているか。
- ☐ 悩みや相談にのっているか。

2　信頼を得ているか
- ☐ 後輩の前で上司にゴマをすっていないか。
- ☐ 自分のミスを後輩に押し付けていないか。
- ☐ 後輩の悪口を方々で言っていないか。
- ☐ 特定の者ばかり相手にしていないか。
- ☐ ジェネレーション・ギャップを理解しているか。
- ☐ 自分の考えが理解されるよう説明しているか。

3　後輩を教育しているか
- ☐ 職場でのしつけをしているか。
- ☐ 叱り方・褒め方を考えているか。
- ☐ 後輩の仕事に関心を示しているか。
- ☐ ミスがあったとき、知らん振りをしていないか。
- ☐ ミスをかばい過ぎていないか。
- ☐ 新しいことを教えているか。

4　適切に仕事を進めているか
- ☐ 都合の良いことだけ上司に報告していないか。
- ☐ 組織としての方針を理解しているか。
- ☐ 問題点を把握し、解決等を検討しているか。
- ☐ 中途半端なことをしていないか。
- ☐ 後輩の適性を把握しているか。
- ☐ 後輩の仕事量を調整しているか。

5 　自分自身の能力向上に努力をしているか
　　□　計画・企画能力の向上に努めているか。
　　□　本を読んでいるか。
　　□　ＯＡ機器を積極的に利用しているか。
　　□　趣味を持っているか。
　　□　会議・検討会等では発言しているか。
　　□　物事を違った角度からも見るようにしているか。

6 　前向きな姿勢があるか
　　□　何事にもチャレンジ精神でぶつかっているか。
　　□　「忙しい、忙しい」、「困った、困った」を連発していないか。
　　□　自己啓発に努力しているか。
　　□　率先垂範しているか。
　　□　セクト主義に固まっていないか。
　　□　目的・目標があるか。

7 　人間的魅力があるか
　　□　自己管理ができているか。
　　□　あまりにも個人主義になっていないか。
　　□　他人の出世を妬んでいないか。
　　□　生まじめ過ぎてユーモアに欠けていないか。
　　□　ある程度のスピーチができるか。
　　□　気が弱すぎはしないか。

One Action　指導者（先任者）として知っておきたいこと

人生の先輩たちが残してきた教訓を参考にすることも必要です。

1　人が成長する上での5つの基本
① 自然に成長する。
② 人真似をして成長する。
③ 人に教えられて成長する。
④ 自分で体験をして成長する。
⑤ 体験を基に考えて成長する。

2　叱り上手
① 相手の人格を批判しない。
② とことんまで叱らない。
③ 人前で叱らない。
④ タイミングを逸しない。
⑤ 褒め四分、叱り六分で最後は励ます。

3　褒め上手
① 具体的に褒める。
② ベタ褒めは逆効果。
③ 人前で褒めてやる。
④ 公平に褒める。
⑤ 真心を込めて褒めてやる。

4　聞き上手
① 目で話を受けとめる。
② 聞きたい気持ちを体に表す。
③ タイミングよく相づちを打つ。
④ 先入観をなくして聞く。
⑤ 言葉の奥を感じとる。

5 話し上手	6 5つのけじめ
① 間をとる。 ② 敬語を使い分ける。 ③ 自尊心を傷つけるような言い方をしない。 ④ ユーモアを交える。 ⑤ 言葉の行き違いをなくす。	① 時間のけじめ ② 公私のけじめ ③ お金のけじめ ④ 言葉のけじめ ⑤ 態度のけじめ

7 5つの「気」	8 5つの勇気
① 元 気 ② 和 気 ③ 根 気 ④ 本 気 ⑤ 勇 気	① 自分を変える勇気 ② 逃げない勇気 ③ 他人から学ぶ勇気 ④ 一歩踏み出す勇気 ⑤ 失敗を恐れない勇気

9 除くべき3つの苦労	10 指導者の「あいうえお」
① 回想苦労（失敗を思い出して悩む） ② とりこし苦労（これからのことを、あれこれ考えて悩む） ③ 現在苦労（今の行動を失敗したらと悩む）	㋐ あきらめない ㋑ いばらない ㋒ うらぎらない ㋓ えこひいきしない ㋔ おごらない

㋐ きらめない　　㋑ ばらない　　㋒ らぎらない　　㋓ こひいきしない　　㋔ ごらない

第 4 章
私生活のマナー

第1 共同生活でのマナー

　一戸建てでも、寮、アパート等の共同住宅でも、隣近所との関係で基本的なことは、他人に迷惑を掛けてはならないということです。
　寮やアパート等は、自分の住居以外は全て共有の場所ですから、共同住宅の一員であることを自覚し、割り当てられた共同作業、役割等を果たし、他人に迷惑を掛けず、礼儀正しく、けじめのついた生活を送るよう心掛けましょう。

1　寮生活でのマナー

　寮生活は、勤務先や勤務方法も異なる多数の者が、より良い共同生活をするために、寮規則が定められています。
　したがって、誰か一人が規則違反をすると、お互いの寮生活が不愉快なものになってしまいます。
　寮生活で一番大切なことは、他の寮生に迷惑を掛けないことであり、これは警察官としてはもとより、社会人としても当然のことです。

- 夜間はもちろん、昼間でも、テレビ、ステレオ等の音量に注意するとともに、ゲームをする場合にも、他の寮生の迷惑にならないように

しましょう。
- 寮生相互間のなれ合いから、自分の物と他人の物とを混同しがちになりますので、同僚間でのけじめをつけることが必要です。
- 自分の部屋はもちろん、玄関、廊下、トイレ、浴室等の共同施設、共同で使用する備品等は大切に扱い、いつも清潔、整頓に努めるとともに、清掃当番等に当たった場合は、積極的に責任を果たすことが必要です。
- 電気、ガス、水等を節約し、経費の節減に心掛け、火気の取扱いには十分注意するとともに、万一に備え、消火器の位置や使用方法を知っておくことが大切です。
- 廊下や食堂等は、全て共用の場所ですので、これらの場所で上半身裸になったり、下着だけで歩くなど無作法な格好はやめましょう。

    また、部屋内に淫らなカレンダー、雑誌等を置いたり、風紀を乱すおそれのある者（男女を問わず。）を寮内に入れたりしてはいけません。
- 夜遅くまで飲酒したり、大声等騒音を出して、近所に迷惑を掛けないのはもちろんのこと、飲酒量は、勤務に支障のないよう適量にしておきましょう。

以上のことを守り、寮生としての責任をよく自覚し、楽しい思い出に残る寮生活を送ることが大切です。

2　アパート、マンション生活でのマナー

　一戸一戸が独立していても、アパート、マンション等は一つ屋根の下に住む共同住宅です。

　それだけに、ちょっとした行き違いがトラブルの原因となって、居心地が悪くなりますので、次の点に心掛け、迷惑を掛けないようにしましょう。
- 昔から、隣人等との仲は、「遠くの親類より近くの他人」と言われているように、アパートに転入した場合は（自治会規則がある場合にはそれに従い）、挨拶回りを行います。
- 隣近所の人たちには、日頃から積極的に挨拶を行うことが大切ですが、顔見知り程度の人への挨拶は、軽い会釈か目礼とします。「どちら

へ?」などと、プライベートに立ち入るような声掛けはやめましょう。
- 火気の扱い、戸締りなどには十分注意します。特にたばこの吸い殻の処理、ガス器具、電気器具等の取扱いに注意し、隣人に不安感を与えないようにします。
- 地域の取決め事項を守り、大掃除、害虫駆除等の共同作業には、骨身を惜しまず進んで参加し、共同生活上の義務を果たし、地域との連帯感を持つことが大切です。
- トイレや台所の流し等を詰まらせないようにし、ゴミバケツ等は常に清潔を保ち、異臭を発しないように注意します。
- ゴミの分別、収集日等決められた事項を守り、廊下、階段などの共用施設には、生ゴミ、空き瓶等を放置してはいけません。
- 共用場所の掃除当番がある場合は、責任を持ってきれいにするとともに、他人の掃除の仕方の批判をしてはいけません。
- 深夜の入浴、洗濯、トイレの給排水、ドアの開閉、テレビ、ステレオの音量には十分注意し、騒音を出さないようにします。
  また、友人などが来た際には、夜遅くまで騒がないようにします。
- 共同生活は、思いのほかうわさ話が伝わりやすいことを自覚し、隣近所のもめごとを耳にしても、プライベートな面には関わらないようにしましょう。

以上の点は、共同生活をする上において最小限の義務です。

また、独身警察官のアパート生活における近所付き合いは、将来、家庭を築いたときに、参考になる点も多いので、これまで述べてきたマナーを守った上で、良き人間関係を築き、充実した生活を送ることが必要です。

第4章 私生活のマナー

第2 付き合いのマナー

　人間社会は、なかなか理性だけで割り切れるものでもなく、ましてや感情の動物といわれる人間同士のことですから、好感を持たれるのと、そうでないのとでは何かにつけて違います。

　一口に好感といっても、持って生まれた顔つき、体つきなどの第一印象で非常に得をする人、損をする人がありますが、それは、外観的な、瞬間的なもので、長い付き合いとなると、もっと本質的なことが物を言うようになります。

　対人関係で、仕事がスムーズに運ばないなどということがないように、和の精神を失わないことが大切です。

1　同僚との付き合い

1　付き合い方の基本

　同僚間は、時として自己主張が強くなり、溝を深めたり、仕事上でのミスを生むこともあります。

　お互いに公私生活の立場がありますので、あまり慣れ親しみすぎないよう、「親しき仲にも礼儀あり」の気持ちで付き合うことが必要です。

- 同僚同士はお互いにコミュニケーションを図り、仲間意識を持ち協調していくことが必要です。
- 同僚のうわさ話を聞いても、それを次から次へ流すようなことはしないようにします。
- 同僚に対し、自分のことばかり話題にしたり、自慢話をするのは、聞き苦しいので避けたいものです。
- 同僚間は、つい気が緩みがちで、面白くないことがあると感情が表に出てしまいますので、お互いに一歩ずつ下がって、感情的にならずに話し合うことが必要です。

- 同僚間で、はっきりさせておきたいのが金銭関係です。
  同僚はあくまでも対等の立場で付き合い、同僚間で飲食した代金は、割り勘を原則とし、借金はしないようにします。
- 同僚であると、つい親しくなりすぎて、相手のプライバシーや、家庭の問題にまで立ち入りすぎることがあります。しかし、同僚でもある程度一定の距離をおいて付き合うのがよいでしょう。

2　異性の同僚との付き合い方

　異性の同僚との付き合いは、男と女であるという前に、同じ職場に勤める職業人としての付き合いが望ましいので、お互いに性別を意識しすぎたり、必要以上に親しくすることは、スムーズにいくべき仕事がかえってギクシャクしたり、特別の感情を持っているのではないかなどと、周囲の誤解を招くこともありますので注意しましょう。

- 職場は恋愛相手を探す場ではないことを心得、特定の異性と親しくせず、公平、平等に接します。
- 飲食やカラオケ等に誘う際は、特別な感情をお互いに持ち合っている場合以外は、複数で誘うようにします。
- 恋人同士になっても、職場には私情を持ち込まないことが大切です。

2　先輩との付き合い

　同僚の中には先輩もいますが、つい同僚だという気持ちが先だって、言葉遣いや態度が慣れなれしくなってしまいがちです。

　したがって、先輩に対しては、言葉遣いや態度等に気を付けて、けじめをつけて付き合うことが大切です。

- 職場で先輩と顔を合わせたら、自分の方から進んで挨拶をします。
- 先輩を呼ぶ場合には、「〇〇さん」と名字で呼び、いくら親しくてもあ

だ名や通称名では呼ばないことです。
- 仕事を依頼したり、連絡をしたりする場合には、「すみませんが……」と一言を添え、丁寧な言葉遣いをしましょう。
- 先輩と一緒に飲酒したり、くつろいだりする場合でも、けじめをつけて接することが大切です。
- 先輩に誘われてごちそうになった場合には、必ずお礼の言葉を述べ、誠意の気持ちを伝えます。

3　友人との付き合い

　人生は決して短いものではありません。一度しかない人生を有意義に充実して生きるか、無気力に惰性で生きるかは、良き友達を持つか持たないかで決まると言っても決して過言ではないでしょう。

　古いことわざに「類は友を呼ぶ」というのがありますが、若いあなたにとって良き友達を持つことは一生の宝となるはずです。

- 良き友というものは、遊びの中だけで生まれるものではなく、苦楽を共にすることによって連帯感が生まれ、いつとはなくお互いの心と心の琴線が触れ合って信頼の情が積み重なり生まれるものです。
- あなたにとって初任科の同期生、職場の同僚・先輩、独身寮などで起居を共にした者は、階級とか年代に関係なく理屈抜きで付き合え、そのような中から良き友が生まれるものです。
- 友は警察部内の者に限らず、地域社会に溶け込むことによって知り得た部外の人の中からもできるものです。

　警察という殻に閉じこもるのではなく、積極的に地域社会に溶け込み、各種地域活動に参加し、自らの人格を磨くとともに広い視野を持つよう努力しましょう。
- あなたの警察官という立場を利用しようとして接近してくる者もいるということを十分考慮に入れて、あなたの立場を真に理解してくれる信頼できる人を慎重に見極める必要があります。
- 交友についての心構えは、思いやりの心を持って交際することが最も大切なことです。

また、自分の心を開かない限り、相手も心の窓を開いてはくれません。特に、相手が苦しみや悲しみに打ちひしがれているとき、失意のどん底でもがき苦しんでいるときこそ、その人の身になって希望や勇気を持つよう励ましたり、又その人が喜びの真っただ中にいるときは自分のことのように喜ぶことが大切です。

4 異性との付き合い

　異性と交際する前に、まず、友情と愛情との違いをよく知っておくことが必要です。友情とは、気が合い人生の真剣な問題から身の上相談までできる間柄をいいます。愛情とはそれに恋愛感情が加わったものと考えてください。

- 交際しようとする異性に対しては、必ず友達としてお付き合いするか、恋愛としてお付き合いするか、はっきり意思表示をします。

  自分では友達として交際するつもりでも、相手は恋愛としてとらえていることもあります。この違いがトラブルとなって、せっかくの友情が壊れることになりかねません。

- 交際は、異性を正しく評価し、人格を尊重することが大切です。間違った評価、相手を無視した一方的な交際ではうまくいくはずがありません。
- 男女の交際は、お互いの合意によって成り立つものです。相手が全く交際の意思がないのに、それを強要することには無理があります。

異性を待ちぶせしたり、交際を詰め寄ることは、ストーカー行為と判断されることもありますので、つらくても潔くあきらめるべきです。

- デートをするには、人に見られても、聞かれても誤解されない時間と場所を選ぶことが必要です。
- 交際には、男女間でタブーとされている話題があります。家庭の事情、身体的特徴、人の悪口、セックスに関する話題などはしないようにします。
- 相手に渡すプレゼントは、高価なものは避けます。プレゼントはたとえ安価でも愛情がこもっていればよいのです。
- 交際がある程度進んだら、周囲の人たち、家族、両親に話し、秘密にしないことです。

5　隣近所との付き合い

世の中は人と人との関係から成り立っており、その付き合いは隣近所や親戚、上役、友人というようにかなり広い範囲にわたっています。

○○日ほど留守にします……

独身警察官の場合には、隣近所との付き合いは少ないでしょうが、お互いにいつどんなことでお世話になったり、迷惑をかけたりしないともかぎらないのが隣近所ですので、その付き合いについては、前記第4章第1②「アパート、マンション生活でのマナー」を守るとともに、次の事項を守ることが大切です。

- いかに親しい間柄であっても、お互いの生活に踏み込まない。
- 長期間留守にする場合は、一言挨拶をしておき、帰宅した場合には迷惑をかけた旨のお礼の言葉を述べること。
- 隣近所で融通し合う便利な生活は理想ですが、原則として物の貸し借りをしない方が良好で長いお付き合いができます。

6　親戚との付き合い

　結婚をすると世間の付き合いは家庭単位で行われ、もちろん夫婦それぞれの親戚との付き合いも同様に始まります。

　結婚後の親戚付き合いをうまくするには、相手方の親戚を批判したり悪く言ったりするのは絶対に慎むことです。

- 自分の親戚が来ると大歓迎し、相手方の親戚が来ると冷淡になるということなく、お互いの身内を重んじる気持ちが大切です。
- 冠婚葬祭の祝儀や香典は、他との釣り合いということもありますので、両親等から、これまでのしきたりや習慣等を聞いておきましょう。
- 親戚から保証人を頼まれたときは、金銭貸借、土地・家屋の貸借の保証等は借主とともに連帯責任をとらされますので、親戚だからと安請け合いをせず、よく考えてから判断したいものです。

　また、保証人の依頼を断る場合は、自分にはそれほどの力がないこと、その立場にないことを述べ、相手を傷つけないようにします。

コンセンサス

同意を得ること。「根回し」に似たニュアンスで使われることもある。

第3 訪問時のマナー

　人との付き合いが、うまくいくか、いかないかは、人の一生にとって誠に大きな意義を持っています。いわゆる人との付き合いは、相手の立場、相手の気持ちになってみることから始まり、それがまたこちらの誠意を伝えることにもなります。

1　出掛ける前の身だしなみ

　清潔な服装や誠実な態度は、相手から好感を持たれます。
　出掛ける前にもう一度自分の姿を見つめ直してみましょう。

- 髪は整えてあるか。
- ひげはきれいに剃ってあるか（男性）。
- 爪は短くきれいにしているか。
- シャツの襟や袖口は清潔か。
- ズボンの折り目はついているか。
- 靴は汚れていないか。

2　訪問前の連絡

　相手にも都合というものがありますし、職業によって忙しい日や時間帯があります。

- 前もって、電話などで約束を取り付けましょう。
- 直接の訪問は避け、近くから電話するぐらいの気配りをしましょう。
- 招待されたときや、やむを得ない急用のとき以外の訪問は、早朝、夜間、食事時を避けましょう。

3　訪問時のマナー

　ちょっとした"心遣い""マナー"が相手に好印象を与えます。

家庭への訪問

- 約束や時間を守る
  相手にとっても時間は大変貴重なものです。
  前もって決めた時間や約束は必ず守りましょう。
  - 早めに出掛けましょう。
  - 急に行けなくなったとき、遅れそうになったときは事前に連絡を入れ、相手の了承を得ましょう。
- 身だしなみのチェック
  呼び鈴を押す前に、髪の乱れ、ネクタイの結び目などを整えましょう。
- 呼び鈴は軽く
  一度ほど押して中から開けてくれるのを待ちます。
  インターホンのある家では名前、身分を告げましょう。
- 初対面の場合
  簡単な自己紹介と訪問の目的を告げましょう。
- 先客があったとき
  訪問先に先客があったときは、嫌な顔をせず、気持ちよく待ちましょう。
- 雨の日の気配り
  傘の置き場所、靴の泥に気を付けるなど、相手方の玄関などを汚さないための心遣いをしましょう。
- 玄関先で用件を済ませたいとき
  結婚、転勤の挨拶、中元、歳暮等の訪問は、玄関先で済ませるのがよいでしょう。
  - 約束した時間を守りましょう。
  - 訪問の目的を告げる簡単な挨拶をしましょう。
  - 玄関先では長居しないようにしましょう。
- 履物の脱ぎ方
  訪問先で履物を脱ぐときは、中央を避け端の方で脱ぎ、爪先を入口の方に向けてそろえて置きます。
- 和室に案内されたとき
  日本間では床の間の前が上座で、廊下に近いところが下座です。
  上座を勧められてもまず下座に座りましょう。
  再度すすめられた場合は、相手の地位、間柄等を考え、差し支えなければ上座に座りましょう。
  - 挨拶は座布団を外します。
  - 座布団を当てる場合はすすめられてからにします。

- ・正座した状態からあぐらをかくときには、「膝をくずしてください」等と言われてからにします。
- ● 洋室に案内されたとき
    洋室では、マントルピース、額、飾り棚、生花等の前が上座です。
    - ・入口近くの椅子に掛けるか立って待ちます。
    - ・すすめられたら「失礼します。」と言って長椅子に座ります。
    - ・テーブル上にはバッグや荷物を置かず、床の上に置きます。
- ● 部屋で待つとき
    次のことに注意しましょう。
    - ・部屋の中を歩き回ったり、置物等をのぞきこんだり、手を触れたりしてはいけません。
    - ・本棚やラックの本を勝手に出して読んではいけません。
- ● 辞去するとき
    訪問先での長居は、迷惑になることもあります。
    用事が済んだらなるべく早く帰りましょう。
    - ・辞去するときの挨拶は、和室の場合は座布団から下りて、洋室の場合は椅子から立ってします。
    - ・コート等は、玄関で履物を履き辞去の挨拶後に着ます。
    - ・見送られたときは、一度振り返って会釈します。

企業への訪問

企業にはその職場のルールがありますから、そのルールを守りましょう。
- ● 守衛、受付に対するマナー
    守衛や受付に身分を明らかにし、訪問する相手を告げます。
- ● 名刺のマナー
    ※ 前記第2章第6①「名刺交換」参照

その他のマナー

- ● 禁　煙
    喫煙は相手にとって大変苦痛の場合があります。
    原則として、訪問先での喫煙は慎むべきです。
- ● 茶菓の接待を受けたとき
    相手が見える前に出された茶菓は頂いてもかまいませんが、全部食べてしまうのは不作法です。

茶を一口か、二口頂き、菓子を少しつまむ程度にします。

One Action　不意の訪問をするとき・受けたとき

　忙しい現代では、事前に先方の都合を伺って約束した上での訪問がマナーですが、予定はしていなかったけれどその方面に出掛けたので、ついでに立ち寄ったりするということもあります。

- そのようなときには、「今近くに来ていますので、ちょっとお伺いしたいと思いますがいかがでしょうか」などと電話を掛けてみましょう。

　このようにして伺っても、先方にとっては突然であることには違いないので、長居はしないことです。

　もし食事時に当たるようであれば、少し時間を空けてから伺い、「食事は済ませてまいりましたから」、「ちょっとお顔を見に寄ったものですから、すぐ失礼いたします」等、食事の心配をかけないようにしましょう。

- 訪問を受ける側としては、電話を受けたときに都合が悪ければ、断っても差し支えありません。

　近くにいると言われれば断りにくいものですが、他に気にかかることがなくても、気持ちよく迎えられなければ、かえって失礼になりかねません。

　お迎えすることになったら、不意のことですから特別なもてなしをする必要はありませんが、できるだけ気持ちよくお迎えしたいものです。

One Action　知っておこう、お客のタブー

あなた、心当たりありませんか？

- 約束の時間に訪問しないばかりか、何の連絡もしない。
- 遠慮をしすぎる。
- もてなしの好意に反応しない。
- お世辞を並べたてる。
- 人の話を横取りする。

第4章　私生活のマナー

第4 接客のマナー

突然の来客に喜ぶ人、慌てる人などそれぞれですが、お客はいつ訪ねてくるか分かりません。
突然の来客にも気持ちよくお迎えできるよう、次のことに心掛けましょう。

1 不意の来客に備えて

思いがけないときに、思いがけない人が訪ねてくる場合があります。
- 玄関の靴等は、きちんとそろえておきましょう。
- 家の内外を整頓し、いつもきれいにしておきましょう。

2 夜間の来訪者への対応

夜間の来訪は、一般的には失礼とされていますが、至急な用件等での来訪者があるかもしれません。
- 夜間の来訪者は見分けがつけにくいので、インターホン等で誰であるか確認できるまでは戸を開けないようにしましょう。

3 配偶者が不在のとき

配偶者の不在時に異性の来訪者があった場合は、親戚等ごく親しい人を除き、応接間や客室には案内せず、「せっかくですが、夫（妻）は出掛けていますので」と、はっきり告げて相手の用件を聞いて、帰っていただくのがよいでしょう。

4 お客が帰るとき

お客が帰ると言った場合は、「ごゆっくり、どうぞ」等と一応引き留め、長座した場合には、「何のおかまいもできず……またお出掛けください。」等と言うのがマナーです。

5 戸締りと消灯

お客が帰った直後に玄関の電灯を消したり、ドアを強く閉めたりしては失礼です。少し時間をおきましょう。

リスクマネジメント

危機管理。大地震などの自然災害や、不測の事態に迅速・的確に対処できるよう、事前に準備しておく諸政策。

第5 携帯電話・インターネットのマナー

1　携帯電話等使用の際のマナー

- スマートフォンや携帯電話の画面を見つめながらの歩行や急に立ち止まっての使用は大変危険です。
  自分自身だけではなく、周囲も巻き込む事故に繋がることもあります。
- レストランやホテルのロビーなどの静かな場所では、声のトーンは控えめにし、新幹線や電車内ではマナーモードに切り替えて通話を控え（各鉄道会社のルールに従う。）、劇場や映画館、美術館などでは電源を切るなど、周囲に対する気配りが必要です。
- 電子機器や医療電気機器等を取り扱う病院内、飛行機など使用が禁止されている区域では電源を切りましょう。また、持ち込み自体が禁止されている場所もありますので、各医療機関又は各航空会社の指示に従いましょう。

- 車両の運転中に携帯電話等を手に保持しての使用は、道路交通法第71条第5号の5により禁止されています。使用する場合は、安全な場所に車両を停車させてからにしましょう。

2　SNS利用の際の注意点

　SNSは、Social Networking Service の略で、人と人とが交流できるウェブサイトのことです。便利かつ楽しいもので、利用している方も多いのではないでしょうか。しかし、使い方を間違えると取り返しがつかない事態に陥ることがあります。

- SNSは、情報発信が極めて容易にできることから、内容をよく吟味せず書き込んでしまい、人に不快な思いをさせてしまったり、人間関係を壊してしまったりすることがあります。中傷や偏った意見等を書き込まないなど、十分な注意が必要です。

- 親しい人同士の交流であっても小さなきっかけで口論に発展してしまう場合があります。相手の表情が見えないやり取りであるということに十分留意し、思いやりのある発言をしましょう。
- 利用に当たっては、「むやみに個人を特定するためのヒントを記載しない」ということにも注意が必要です。「名字だけなら大丈夫だろう」と安易な書き込みを行った結果、過去の記述や複数のSNSの情報を合わせることにより、個人が特定され、不特定多数に個人情報がさらされてしまった事例が多数あります。書き込もうとする情報が、個人を特定する際にどの程度ヒントになるかをよく考慮し、場合によっては公開範囲を限定するなどの工夫も必要となります。

なお、「職務に関することは絶対に書いてはいけない」ということは、言うまでもありません。

3　インターネット通販利用の注意点

インターネット通販は、自宅に居ながらにして商品の購入ができるなど、便利な面が多いことから利用する機会も多いと思います。しかし、インターネット上で有名な通販サイトを名乗ったり、運営会社が同一であるかのように装ったりして利用者をだまし、商品を送らない、偽の商品を送るなどの手口で支払代金をだ

まし取る偽サイトが氾濫していることを忘れてはいけません。偽サイトには、「日本語の使い方がおかしい」、「銀行口座名義が外国人名である」、「連絡先が記載されていない」、「記載された住所が存在しない」などの特徴があることから、少しでも不審に感じた場合は、よく確認した上で利用することが大切です。

4　オンラインゲーム・ゲームアプリ等の注意点

オンラインゲーム、ゲームアプリやソーシャルネットワークゲームは、パソコンやスマートフォン・タブレット端末などで、同じゲームをしている人とデータの交換やコミュニケーションなどができるコンピューターゲームです。

これらのゲームは、これまでの家庭用ゲーム機のゲームと異なり、無料で遊べるものがありますが、中には、お金を支払うことで、ゲームをより有利に進めることができるものもあります。

ゲームをより有利に進めたいがために、際限なくお金を支払うことがないように注意することが大切です。

また、ゲーム内や攻略掲示板などで「強いアカウントを売ります」「キャラクターを強くします」「アイテムを売ってほしい」などと言われ、お金や電子マネーのコードを送ったが相手と連絡が取れない、アイテムのデータを送ったが相手から代金の振込がないなどのトラブルもあります。

ゲーム運営会社では、利用規約でゲーム内での通貨やアイテムを現実のお金で取引すること（リアルマネートレーディング）や、アカウントの売買を禁止しているので、このような行為はしてはいけません。

第6 飲酒のマナー

酒を飲むときに一番大切なことは、「楽しく飲む」ことと、「人に迷惑を掛けずにきれいに飲む」ことです。

昔から酒は「百薬の長」といわれ、飲む人や飲み方によって毒にも薬にもなるとされています。

1 飲酒の心構え

酒には二つの魔性ともいうべきものがあります。

一つ目は、普段は非常に温和な人が、酒が入るにつれて全く人が変わったようになり、大声を出したり、けんかをしたり、他人に迷惑を掛けるなど、非常識な言動をするようになることです。

二つ目は、酒を飲む習慣がつくと、だんだん酒量が増え、ついには、酒がなくてはいられないという、いわゆる中毒症状になることです。

その結果、信用や地位を失ったり、経済的に破綻を来したり、健康を害したりします。

現代社会では、「酒の上だから」というような弁解は一切通用しません。それだけに私たちは、酒の功罪や飲み方などについては、平素から十分心掛けておかなければなりません。

1 時と場所を考えて飲む

酒を飲む前にはどんなに気を遣っていても、酒が入るにしたがって精神的な緊張感が薄れ、全く予期しない言動になる場合があります。

人に招かれたような場合と、友人と飲むときとでは、おのずから飲み方を変えなければなりません。また、冠婚葬祭の場合にも、その場に合った飲み方というものがあります。

時間的には、深夜等の飲酒は避けるべきで、翌日勤務にもかかわらず、午前様になるまで飲み歩くことは、当然に勤務に支障となり、警察官として、

プロ意識の欠如といわざるを得ません。

このように時と場所をよく考えて飲むことによって、酒による失敗を防ぐことができます。

2　自分の適量を守る

適量といっても、日本酒を盃に1・2杯で酔う人もいれば、3・4合飲んでも平然としている人もおり、どれだけが適量であるかは、人によって違います。特に、若いときは、自分でも適量というものが分かりにくいものです。

非常に抽象的な言い方ですが、「もう少し飲みたい」と思うようなときが適量といってよいでしょう。この適量を守るよう習慣付けることが大切です。

また、疲れたときや空腹時などの飲酒は、少量でも酔いやすいので十分注意しなければなりません。

よく何も食べずに、酒ばかり飲む人を見掛けますが、これは健康によくありません。適度に食べながら、飲むことが大切です。

One Action　肝臓を守るおつまみ

良質のたんぱく質を十分含み（肝臓で酒を処理する際は解毒のためアルデヒド脱水素酵素が必要ですが、たんぱく質が不足するとこの酵素も足りなくなります。）、ビタミン、ミネラルも含み、脂肪が少なく、消化のよいものがよいでしょう。

チーズ

お酒を飲み始めるときに、チーズを1～2切れ食べると胃粘膜の保護に効果があります。

また、牛乳、ヨーグルト、チーズなどの乳製品は良質たんぱく質のほかに、カルシウム、ビタミンB_2が豊富です。

卵

卵は良質たんぱく質、ビタミン、ミネラルを含んだ栄養価の高い食品です。一般にコレステロールが高いといわれていますが、栄養的価値を考えると、毎日1個は必ず摂りたいものです。卵を食べていない日は玉子焼き、茶碗蒸しなどをメニューに加えるようにしましょう。

冷や奴

大豆は"畑の牛肉"といわれるほどたんぱく質の多い食品です。

特に、豆腐は加熱加工してあり、大豆に比べると消化吸収が非常によくなっています。冷や奴は少量のしょう油で食べられるので、塩分摂取量を抑えるのにも役立ちます。

レバーの煮込み

レバーも良質のたんぱく源です。その上、鉄分やビタミンが豊富で、少量でも栄養価の高い食品です。ただし、レバーはコレステロールが高く、プリン体も多いので食べ過ぎは禁物です。小鉢一個分ぐらいが適量でしょう。

One Action　アルコールと肝臓の病気

急性アルコール肝炎

長い間アルコールに親しんでいた人が、一時的に大酒を飲むとかかりやすいです。一気飲みはいけません。

アルコール性脂肪肝

アルコールが原因で肝細胞の中に脂肪がたまった状態。10年以上続くと肝硬変になるといわれています。

アルコール性肝硬変

日本人の肝硬変の約15パーセントはアルコール性。肝硬変が進むと肝臓がんになるおそれがあります。

✓ Check Point　アルコール依存症セルフチェック

次のうち3項目以上当てはまればアルコール依存症の疑いがあります。
- ☐ 夕方になると飲みたい、悪いと分かっていても飲みたいといった強い飲酒欲求がある。
- ☐ 時間に関係なく飲酒し、飲む量をコントロールできない。
- ☐ 体内のアルコール量が減ると、手の震えや発汗などの症状が出現する。
- ☐ これまでの量では酔えなくなり、酔うまでの量が増す。
- ☐ 酔っている時間が長くなり、他の楽しみや趣味ができなくなる。
- ☐ 生活・仕事・健康などに問題が生じると分かっていても飲酒してしまう。

3　自分の酒癖を知る

　酒癖には、笑い上戸、泣き上戸、怒り上戸があるといわれますが、特に、酒を飲むと人が変わったように酒乱になる人がいます。このような人は、ついには誰からも相手にされず、普段の真面目な行動についても信用を欠いてしまいます。酒乱の癖のある人は、それを完全に直すことができるまでは酒を飲む資格がないのですから、酒は一切飲まないようにすることです。

　他人に迷惑を掛け、ましてや警察組織の一員として部外の者にまで迷惑を掛けることになっては大変です。

　酒癖は、その気になれば自制、自戒により直すことが可能であるはずです。もし、自分に思い当たる酒癖があって、酒席でそれが言葉や態度に現れるようになったら、飲酒を切り上げて早目に帰宅するか、また、席を外して別室で一時休憩するなど、意識的に工夫して行動すべきです。

　これぐらいのことができないようでは、警察官としての職責を果たすことはできません。

4　はしご酒をしない

　1軒目で飽き足らず、次々と店を変えて飲み歩くことを「はしご酒」といいます。これは一種の酒癖でもあり、このような人は概して深酒をしています。

　「はしご酒」は理性を失い失敗することが多く、経済的にみても全くの浪費で、また身体にも悪く、時には翌日の勤務にも支障を来します。

　酒席が終わったならば、早く寮や自宅へ帰る習慣をつけたいものです。

5　飲み代はその都度支払う

　私たちは、警察官という身分から、業者などからも信頼されやすく、「つ

け」のきく店をつくることもできるでしょう。私たちの周囲には、そのような「つけ」のきく店が多くあることを自慢するような人もいるようですが、決してよいことではありません。

「つけ」のきく店では、そのときお金が足りなくても、後から払えばよいという安心感から、飲み過ぎたり、飲みに行く回数も多くなります。ときには、借金を払うために飲みにいくという悪循環にもなりかねません。

飲酒の借金というものは、知らないうちに増えていくものです。

あらかじめ必要なだけのお金（多過ぎてもいけない）を持っていき、その場で払えるだけの飲酒にとどめるべきです。

また、たとえ友人などから誘われても、お金を持っていないときは断る勇気を持つことも必要です。

6　無理強いしない

体質的に、酒に弱い人や全く酒を受け付けない人もいます。このような人は、いくら仲間・友人との飲酒でもつらいものです。

楽しく飲むためにも、飲めない人には、絶対に無理強いをしないように心配りをし、代わりに、何か別の飲み物を用意する等、相手を思いやる気持ちが大切です。

2　酒席でのマナー

酒は常に我々の身近にあって、人間生活に深い関係を持ち、あらゆる行事はいうに及ばず、喜びのとき、苦しいとき、つらいときなど必ずといってよいほど酒が用いられるため、我々が酒を飲む機会というものは極めて多くなっています。

事実、我々の生活においても職場の融和と団結、慰労、懇親等お互いの人間関係の確立と意思の疎通、吉凶禍福その他もろもろの場合に酒はなくてはならぬものとなっています。

しかし、警察官は規律の面で厳しい態度を要求される立場にあり、いつ、いかなるときでも、自分は警察官であるという自覚を忘れてはなりません。酒の上のことだからと一般の人の場合には大目に見てもらえても、警察官にはそれは通用しないことを肝に銘じ、身分をわきまえた行動ができる酒の飲み方をすることが大切です。

1　良い先輩にマナーを学ぶ

　良い先輩から飲酒の際のマナーを学び、自分の身に付けるように心掛けることが大切です。ただ黙々と料理を食べたり、酒を飲むばかりが酒席ではないことを心得るべきです。そこには温かさや楽しさのある会話がなければなりません。

　また、状況により座を立って相手にお酌をすることも必要なことで、座を立てば飲む量も少なく、深酔いをしないという利点もあります。

　こういった先輩の行動は見て学べることであり、また、実際に先輩から教わってしっかり身に付けておくことも酒の上の失敗をしないために大切なことです。

2　酒席の時間に遅れない

　懇親会、慰労会などの宴会の時間に遅れると、「駆けつけ3杯」「歩調を合わせて」などと言われ、急激に飲まされがちですので、時間に遅れないよう始まる10分ぐらい前には到着して余裕をもって出席することがマナーです。

3　愉快に飲む

　酒を飲むからには、くつろいだ気持ち、のびのびとした気分で和気あいあいと、しかも愉快に飲んでこそ気持ちよく酔うことができ、薬にもなります。

4　飲み方に注意する

飲み方においては、次のことを考慮しつつ、適量を食べながら飲酒しましょう。

- 酒類はチャンポンして飲まないことが大切です。チャンポンとは酒とビール、ビールとウイスキーなど抱き合わせで飲むことです。
- 冷酒を飲み過ぎないようにしましょう。「親の意見と冷酒は済んだあとから効いてくる」と言われますが、冷酒は口当たりがよいため、とかく適量を超えて飲みがちです。燗をした酒は、身体に優しいと言われています。

5　たかり酒、タダ酒をしない

親戚、知人など平素懇意にしている方とであれば、タダ酒はまず問題はないと思います。しかし、職務に関連していろいろの名目で行われる行事、会合での飲酒は、不純な意図を持って、特別の目的のもとに行われるものが少なくありません。

「タダ酒ほどこわいものはない」と言われるように、職務に関連した会合等でのたかり酒、タダ酒は絶対にしてはいけません。警察官を接待するからには、必ず何らかの下心があると疑いの眼を持ってかかるべきです。

特に、暴力団関係者や関係法令にとかく違反するなど問題のある店へは行ってはいけません。また、取締りの公正を期すために、管内の取締対象業者の店では飲まないことです。

万が一、飲酒した事後において不純な特別の目的を持っていることが分かったようなときは、後日問題とされることのないように相手方に対し、飲食代金の支払い、その他所要の代償措置を速やかに講じておくようにします。

6　飲み代は割り勘にする

飲み代はお互いに割り勘にしてきちんと費用を分担し、けじめをつけてお

くことで、おごられたからおごり返すなどと余計な心配りをしなくてもよくなります。

7 仕事上の飲酒は最小限にとどめる

警察官は職務上飲酒の機会がありますが、こういった場合はあらかじめ上司の承認を受ける必要のあることはいうまでもありません。そのような場合、出席する警察官は個人としての資格ではなく、あくまでも警察の代表として出席するものですから、警察官としての立場を十分にわきまえ、最小限度の量にとどめるべきです。間違っても宴席等で粗暴な言動をしたり、また品位を失うなどの行為のないよう、あらかじめ心して臨むことが大切です。

どんな席でも潮時というものがあり、退席の時期を誤らないようにすることが大切です。

8 外で飲むときは身軽な身体で飲む

各種会議や教養終了後などに行われる酒席（懇親会、懇談会等）に仕事の書類をそのまま持参して飲酒することは極めて危険です。

外で飲むときは物を紛失したり、置き忘れがちとなるので、警察手帳や書類など職務上関係あるものは、一切携行しないようにすることが大切です。

しかし、やむを得ない場合もありますので、そういった際は、仕事上の書類、貴重品等は信頼できる者に預けて保管を依頼するか、会場のフロントなどへ預ける配慮が大切です。そうしておけば、ゆったりした気分で安心して楽しく飲酒できます。

One Action　酒席で気を付けたいこと

余興

- 出席者が、歌や舞踊の余興を始めたときは、お酌に回っている途中でも自分の席に戻り、余興を観賞するのが礼儀です。
- マイクを握ったら離さない人がいますが、余興が得意な人が、何回も続けて芸をやるのは好ましくありません。できるだけ多くの人が参加できるようにすべきです。
  逆に芸の苦手な人に、無理強いしてはいけません。

締めくくり

- 自分が招待者側の場合は、来賓全員が帰るまで残っていることがマナーです。
- 逆に、お客として招待された場合は、遅くまで残るのは好ましくありません。潮時を見て切り上げることが大切です。
- 宴の終わりに万歳三唱が行われることが度々ありますが、万歳をされる側に立った場合は、共に万歳するのではなく、頭を下げて謝意を表しましょう。
- 部外者との懇親会等があった場合は、できるだけ早く礼状を出すか、電話でお礼をするのが礼儀です。

9　酩酊した仲間に責任を持つ

　一緒に飲んだ以上はその仲間に対して責任を持ち、酔いの激しい人がいるときは必ず家まで送ることが肝要です。本人が「大丈夫」と言っても、酔っているのですからその言葉を鵜呑みにしないことです。

　なお、仲間に面倒を見てもらわなければならないほど深酒をする人は、次回から自

重すべきです。

　旅行、同級会、同期生会など、どんな場合でもよいので、1回、酒席の責任者をやり、一切を仕切ってみる機会を設けてもらいましょう。そこには、場所の確保、経費、進行、後始末、輸送の問題など相当な心労があり、責任者の苦労が分かります。常に責任者となったつもりで飲酒をすれば、自己を見失うような酒の飲み方はできないものです。

10　飲酒後はタクシー等で帰宅する

　酒を飲むとアルコールの影響により、判断力や自制心が低下しやすくなります。

　そこで、外で飲酒した場合は、タクシー等で帰宅することです。

　外で飲んだ場合は真っすぐ自宅に帰り、自宅で飲んだときは絶対外出しないようにしましょう。

　酒の臭いをさせて他家を訪問したり、買い物をしたりするのは相手に不快感を与えることになります。また、酔っての外出は歩行でも危険を伴うものです。ましてや車を運転するなどは、重大な法律違反であり、論外です。

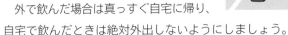

One Action　　適正飲酒の10か条

① 談笑し 楽しく飲むのが基本です
② 食べながら 適量範囲でゆっくりと
③ 強い酒 薄めて飲むのがオススメです
④ つくろうよ 週に二日は休肝日
⑤ やめようよ きりなく長い飲み続け
⑥ 許さない 他人への無理強い・イッキ飲み
⑦ アルコール 薬と一緒は危険です
⑧ 飲まないで 妊娠中と授乳期は
⑨ 飲酒後の運動・入浴 要注意
⑩ 肝臓など 定期検査を忘れずに

（公益社団法人 アルコール健康医学協会ホームページより）

第7 公衆の中でのマナー

行楽地、公園等公共の場所では、まず、周囲に居合わせた人たちに対する配慮が必要です。

グループになると、ついあたりかまわず大声を出したり、笑ったり騒々しくなりがちですが、自分たちだけの場所のように振る舞うのは失礼です。

公共の物は、自分の物より注意深く使い、汚したら自分で清掃をしておくこと、また、自分だけで独占して使うことのないようにする心配りが必要です。

1 音のマナー

音は、気分を害する要因となりますから、私たち一人ひとりが、相手の立場に立ち、思いやりをもって気を配る必要があります。

1 歩くときは

- アパート等の廊下、ホテルのロビーなどを大きな音をたてて歩いている人をよく見かけます。このような場合、つま先からそっと歩くと音がしません。
- 話に夢中になると、周りの人のことを忘れてしまいがちです。アパート等の廊下では歩きながらの話、立ち話は、避けるべきです。

2 車内では

電車やバスの中で、音楽等を聞いている人がいます。中には、ヘッドホンやイヤホンから音が漏れて周りの人に聞こえるような大きな音を出している人もいます。

人それぞれ異なった心境で乗車しているのですから、このような行為はマナーに反します。

また、大きな声で話したり、大声で笑ったりするのも同じです。

3　家　で　は

最近では、住宅事情が変わり、密集型の住宅が増えています。

隣の家人のくしゃみが聞こえることもありますから、自宅だからといって安心はできません。楽器を弾いたり、音楽鑑賞をするときは、早朝、深夜、食事時を避け、住宅が密集しているところでは、できるだけボリュームを下げます。

また、子供を他人の家の前で遊ばせるのも音のマナーに反します。

2　道路でのマナー

道路を歩いていると下を向いて歩いている人、人の顔をじろじろ見る人、ものすごい勢いで走る人など様々な人が目につきます。

道路は自由に往来できますが、決して一人だけの道路ではありません。交通法規を守ることはもちろん、他人に迷惑をかけてはなりません。

1　歩　行

- 姿勢は正しく、前を見て歩きます。よそ見をしたり、スマートフォンを見ながらの歩行は、人にぶつかったり、看板、電柱などに当たったりするおそれがあり、他人はもちろん自分もけがをするはめになります。
- 方向を変えるときは、前後左右を確認してゆっくり方向転換します。急な反転、飛び出しは、他の人が予測できないので、衝突する可能性が高く、危険です。また、道路を横断するときには、少し距離が離れていても、横断歩道、歩道橋を利用しましょう。
- 路上で知人に会い、立ち話をすることがありますが、道路中央での立ち話は、歩行者の迷惑ですから、手短に済ませるか、歩行を妨げない道路脇に移動しましょう。

- 横一列になって道路いっぱいに歩くグループをよく見かけます。これは、対向してくる歩行者の迷惑になりますから、少なくとも道路の幅の半分は空けて歩きましょう。
- 子供連れの場合（特に幼児）は、必ず保護者が車道側を歩きましょう。

2　態　度

- 人をむやみに指差したり、ひそひそ話をしたり、じろじろ見たり、振り返って見たりすると、見られた側の歩行者にとっては大変不愉快です。人の嫌がることはしないのが原則です。
- 道路を歩いていて、歩きたばこや、たん・つばを吐いたり、ごみを平気で捨てたりする光景を目にします。

　外国では、このような行為を法律で禁止し、罰金を科すところもあるぐらいですから、国内とはいえ、気を付けなければなりません。

　また、お酒の飲み過ぎで気持ちが悪くなり、ところかまわず吐いている人がいます。汚れた道路を見るのは気分の悪いものです。自分の飲酒量の限界をよくわきまえて飲むのもマナーの一つです。

3　トイレ

　外出する前に用を足す習慣を身に付けておけば、たいていの場合トイレに行かなくて済みます。立ち小便などは、マナー以前の問題です。

　また、私たち大人に限らず、子供に対して小さな頃から事前にトイレに行く習慣を教えておく必要があります。

3　時間のマナー

　決められた時間を守らないと、ルーズな人間として印象付けられ、信用を失うばかりか、周りの人にも多大な迷惑をかけることになります。

- 待つことは、誰にとっても嫌なことです。遅れた人のために開始が遅れると、時間正確に集まった人は損をしてしまいます。相手の気持ちを考えれば、遅れることはできません。
- 集会などの開始時間は、必ず前日に再確認して、開始の15分前までに会場に着くよう心掛け

ます。開始時間が決まっているからといって、その時間に固執せずに行動しましょう。
- 定例的な集会などに遅刻すると連鎖反応を起こします。「あの人が遅れてきたから、次は私が遅れても問題はない」という気持ちになり、だんだん遅れる人が多くなります。

　集会の主催者は、遅れた人を待たずに開始しましょう。
- 集会の主催者は、遅れた人を必ず心配します。「通知の仕方に問題があったのではないか」、「途中で事故にでも遭ったのではないか」などと考えます。

　多くの人の気持ちをイライラさせ、時間を無駄にしていることをよく考えてください。

4　公園、商業施設等でのマナー

- 公園、商業施設は、乳幼児から高齢者までいろいろな年齢層の方が多数行き来し利用するところです。

　いつ、誰が利用しても気持ち良く過ごせるように、空き缶、空き瓶、紙屑等はきちんとごみ箱に捨てましょう。

- 公園のベンチはみんなで使うものです。周囲に人がいるときには、荷物をたくさん載せたり、寝そべったり、他人から見て見苦しい態度はしないことです。
- 商業施設や商店等では、陳列ケースの商品を見ている人の前から、品物に手を出したり、商品をかき回すのは、大変失礼です。

5　行楽地でのマナー

- 行楽地では開放的な気持ちになり、ついハメを外して行動しがちですが、場所によっては、危険（火災）防止の措置として、立入り禁止場所、禁煙場所等の規制がありますので、これらを守ることが大切です。

　また、観光地（施設）によっては、写真撮影を禁止しているところもありますので、注意が必要です。
- 旅先で適度に飲酒することは結構ですが、酩酊して観光地を見学するのは見苦しいものです。
- 観光地の備付けパンフレット、資料等は、必要以上に持ち帰ることのないようにしましょう。

6　劇場、音楽会、コンサート等でのマナー

- 劇場、音楽会、コンサートへ行くときは、開演時間に合わせ、遅くても開演10分前までに入場しましょう。
- 飲食は幕間にロビー等で済ませ、演技や演奏の途中に席を立たないようにしましょう。
- 咳やくしゃみが頻発するような場合は、残念でも鑑賞をとりやめましょう。

- 幼児同伴の場合で、泣いたり騒いだりしたときは、席を外すなどの心配りが必要です。

7　美術館、博物館、展覧会等でのマナー

- 作品を見ている人の前に割り込まないように鑑賞し、作品、展示品には絶対に手を触れないことはもちろんのこと、一つの作品の前にいつまでも立ち止まらず、周囲のテンポに気を配ることも必要です。

オブザーバー

会議などで、特別に出席することを許された人。発言権はあるが、議決権はない。

第8 乗り物のマナー

　電車やバスは、誰もがいつでも気軽に利用できる便利な交通機関ですから、乳幼児から高齢者まで様々な年齢や職業の人、そして体の不自由な人などが乗っています。
　早朝、深夜、ラッシュアワー、昼間など時間帯によって利用する人たちも当然違ってくるでしょう。
　誰もが気持ちよく利用するためには、その時々に応じたマナーが必要です。

1 電車やバスでのマナー

1 小銭やICカード乗車券のチャージを事前に用意

　電車やバスを利用するときは、前もって小銭等を用意しておき、行き先の料金を確認しておきましょう。そして行き先の駅に着いたら帰りの切符を買っておくと安心です。度々同じ路線や区間を利用するときには、回数券を利用するのも便利です。
　また、ICカード乗車券を利用する場合には、事前にチャージを済ませておきましょう。

2 割り込み禁止

　新幹線や電車の旅では、まず乗車するために待つ列がありますが、この列に途中から割り込むことほどマナーに反したことはありません。早くから来て並んでいる人たちにとっては大変迷惑です。確実に座りたいと思ったら、早く来て並ぶか、指定席を予約しておくことです。

第4章　私生活のマナー

3　席の譲り合い

　子供連れの乗車は、やむを得ない用事のとき以外は、ラッシュの時間帯をはずしましょう。満員電車の中では子供も押されてつらい思いをしますし、周囲にいる大人も気になってもどうしようもありません。

　また、バスや電車は公共の乗物ですから、お互いに譲り合い、気を付け合って一人でも多くの人が座れるようにしましょう。

　高齢者や体の不自由な人が優先的に座れる優先席に限らず、そうした人や妊婦などには積極的に席を譲りましょう。

4　網棚の荷物

　バッグ、トランク、スーツケースなどは網棚に置きますが、不安定な置き方はしないことです。乗物が揺れても落ちないかということを確かめます。万一落ちたらどうなるか、といったところまで用心深く考える習慣を身に付けてください。

5　検　札

　電車の中では、検札がある場合があります。

　切符は車掌が検札にきたら、すぐ応じられるように手近なところに用意しておきます。検札のアナウンスなどがあったら、車掌に声を掛けられる前に、手に持っているのがマナーです。

　車掌は、たくさんの乗客を相手にしていますから、乗客の方でもそうした思いやりがあれば、込み合った列車の中もスムーズに検札ができます。

6　飲食、喫煙

　飲食をしながらの旅行は楽しいものです。しかし、仲間はよいにしても、周囲の乗客に迷惑をかけることもあります。他の乗客に迷惑や不快感を与えないように気配りをすることも大切です。特に、弁当のカラや空き缶などは降車時にホームのごみ箱に捨てるか、車両にごみ箱が備えてある場合は、そこへ捨てます。

　また、近頃はほとんどが全席禁煙車両です。禁煙の時間帯や禁煙車両で喫煙するのは言語道断ですが、喫煙スペースが設けられている車両でも、混み

合っているときは吸わないようにし、電車を降りるまで吸う本数を減らすなど、我慢することも相手を思いやるマナーです。

2　自動車でのマナー

自動車は、私たちの生活の中ではなくてはならない存在です。自動車の乗り降りにおいても、一応のマナーがあります。

1　送ってもらう場合

自家用車で送ってもらう場合には、運転中はむやみに話しかけないのがマナーです。

また、降りるときはお礼を言うことはもちろんですが、降りたら車が動き出すまで見送りましょう。送ってもらっておきながら、すぐ「さようなら」では失礼です。

2　タクシー

タクシーに乗る場合は、小銭を持って乗るのがマナーです。

精算の際に手間取ったりすると、時間を無駄に浪費させ迷惑をかけますから、降りるときはできるだけ手早くします。一部では、クレジットカードや電子マネーが使用できるものもあります。タクシーチケットがある場合は、必要事項を記入して運転手に渡しましょう。

また、車を降りるときには「ありがとう」と運転手に一言挨拶して降りるようにしましょう。

3　喫　煙

たばこを吸わない人にとって、自動車という密室の中でのたばこの煙は苦痛です。

人の自動車に乗せてもらっているときなどは、喫煙は我慢しましょう。

長距離の乗車の場合は、休憩時に吸うようにしましょう。

3　自転車運転のマナー

　自転車は、通勤などのほか、日々の勤務の中でも頻繁に利用しています。特に、地域警察官は制服で自転車を利用することも多く、市民から注目されることから、正しいルールを実践することが求められます。

1　運転する前に

安全に利用するために、次の点検を行いましょう。

- サドルにぐらつきはないか？
- サドルの高さは、またがったときに両足のつま先が地面に着くくらいになっているか？
- ハンドルは曲がっていないか？
- ペダルが曲がっていないか？
- チェーンが緩みすぎていないか？
- ブレーキは、前後ともよく効くか？
- ベルやブザーはきちんと鳴るか？
- ライトは明るく点灯するか？　レンズは汚れていないか？
- 後ろの反射器は汚れていないか？
- 自転車の横にも反射器がついているか？
- タイヤに空気がしっかり入っているか？　タイヤが著しくすり減っていないか？

2　運転に当たって

自転車の運転に当たっては、「自転車安全利用五則」を守りましょう。

自転車安全利用五則

1. 自転車は、車道が原則、歩道は例外
2. 車道は左側を通行
3. 歩道は歩行者優先で、車道寄りを徐行
4. 交通ルールを守る
    - ○　飲酒運転・二人乗り・並進の禁止
    - ○　夜間はライトを点灯
    - ○　交差点での信号遵守と一時停止・安全確認
5. 子供はヘルメットを着用

このほか、道路の通行部分等に関して気を付けなければならない点は、次のとおりです。

- ○ 道路（車道）の左側端に沿って通行する。
- ○ 「自転車専用通行帯」や「自転車道」があるときは、そこを通行する。
  - ・ 道路の片側にしか自転車道がない場合でも、必ず自転車道を通行しなければならない。
  - ・ 道路の両側に自転車道がある場合は、どちらを通行しても構わない。
- ○ 「自転車歩道通行可」の標識・標示がある場合や、車道を通行することが危険な場合などは、歩道を通行することができる。
  - ・ 自転車の通行部分が道路標示で示されているときは、その部分を通行する。
  - ・ 道路標示がないときは、歩道の中央から車道寄りの部分を通行する。
  - ・ 歩道通行ができる場合には左側通行の義務はないため、右側の歩道でも通行は可能。
  - ・ 歩道では、徐行しながら進行し、歩行者の通行を妨害する場合には一時停止する。
- ○ 道路左側の路側帯を通行することができる。
  - ・ 道路左側に路側帯がある場合には、そこを通行できる。ただし、歩行者の通行を著しく妨げる場合や、白2本線で示された路側帯（歩行者用路側帯）は通行できない。
- ○ 「並進可」の標識がある道路を除き、横に並んで走行することはできない。
  - ・ 自転車での警ら等に当たっては、並進しないように注意が必要。
  - ※ 上記のとおり、自転車道や歩道での通行に関して、法規上は左右両側のどちらでも通行することが可能ですが、子供等に誤解を与えかねないことから、制服勤務時には左側の歩道等を自転車で通行するように心掛けましょう。

4　飛行機でのマナー

　飛行機を利用するときには、電車やバスとは違った約束ごとがあるので注意が必要です。

1　出発前の手続等

遅くとも、国内線は出発時刻の40分前、国際線は２時間前には空港に到着していることが必要です。

空港では、まず搭乗手続をします。機内に持ち込める荷物は、手荷物は10キログラム以内で１個程度、預けられる荷物は国内線は20キログラム以内（個数制限なし）、国際線は１個当たり23キログラム以内（２個まで）（航空会社によって異なる場合があります。）なら無料です。

航空券では搭乗できないので、航空券と引き換えに搭乗整理券をもらいます。機内に乗り込んだら、手荷物や帽子、上着などは上の棚に入れます。

飛行機は、天候の影響を受けやすく、列車や電車と違って出発が遅れたり、欠航することがありますし、別の飛行場に着陸することもありますので、その際のことも考慮しておくことが必要です。また、乗り物酔いする人は、搭乗する30分ぐらい前に酔い止め薬を飲んでおくとよいでしょう。

2　機内でのマナー

機内では守らなければならないことがいくつもあります。

まず、客室乗務員の指示に従わなければなりません。「ベルト着用」のサインが出ているときにはそれに従い、トイレに行ったり、機内を移動することはできません。トイレの使用は、機体が水平飛行に移り、ランプが消えてからにします。気分が悪くなったり、困ったことが生じたときには、客室乗務員を呼んで相談すれば措置をとってもらえます。客室乗務員を呼ぶときは、座席にあるコールボタンを押します。

機内では、操縦席の計器を狂わせる事故につながるおそれがあるため、離着陸時における電子機器等の使用はできません。

また、携帯電話の電源も OFF にして搭乗しましょう。

警察職員が交通事故を起こした場合の責任

　自動車は日常生活における必需品であり、また、若者にとって魅力の対象でもあります。
　しかし、警察職員は、交通安全を推進する立場にありますので、安全運転を心掛け、自らが交通事故の当事者にならないように努めなければなりません。また、万一の場合には、事後の対応をきちんとし、社会人として当然なすべき責任を果たさないと大きな非難を浴びてしまうことを、肝に銘じておかなければなりません。

1　交通事故を起こした場合にとるべき措置

　道路交通法第72条は、交通事故を起こした運転者等に対し、
- ○　負傷者の救護
- ○　道路における危険防止の措置
- ○　警察への報告

等を行うことを義務付けています。
　ですから、万一交通事故を起こしたときは、直ちに車両を停止させ、運転者としての義務を確実に履行しなければなりません。しかし、平素から対応要領を把握しておかないと、いざというときに気が動転し、適切な措置がとれないことにもなりかねません。
　間違っても、救護処置をしないまま現場から立ち去ってしまうなど、取り返しのつかないことにならないよう、自分の行動に責任を持つことが大切です。

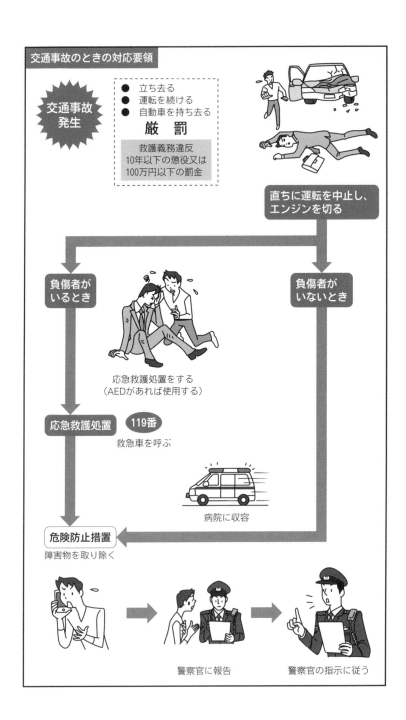

2　交通事故に伴って課せられる責任

交通事故を起こした運転者等には、次の3つの責任が課せられます。

1　刑事上の責任

　自動車の運転上必要な注意を怠り、人を死傷させた場合は、7年以下の懲役若しくは禁錮又は100万円以下の罰金に処せられることがあります。また、アルコール又は薬物の影響により、その走行中に正常な運転に支障が生じるおそれがある状態で、自動車を運転し、その影響により正常な運転が困難な状態に陥り人を負傷させた場合は、自動車の運転により人を死傷させる行為等の処罰に関する法律（自動車運転死傷処罰法）違反となり、人を負傷させた場合は12年以下の懲役に、死亡させた場合は15年以下の懲役に処せられます。

　一般的に、交通事故で禁錮以上の処罰を受けるのは、飲酒運転、ひき逃げ事故、死亡事故等の条件が重なったような悪質、重大な事故に限られているようですので、この意味からも、万一の場合に、現場でとるべき措置を確実に行うことが重要になります。

　特に、地方公務員である警察職員の場合、禁錮以上の刑に処せられると、地方公務員法第16条の欠格事項に該当し、同法第28条第4項によって自動的に身分を失うことになります。

　また、事故の原因に道路交通法違反があれば、その違反が罰金や反則告知の対象になることがあり、また、物損事故であっても、特別の場合には器物損壊罪等に問われることがあります。

　もちろん、交通事故を起こしても、相手方の負傷の程度や事故の状況によって処分が猶予されたり、全く処分を受けないこともあります。しかし、大事なことは、安全運転に心掛け、事故を起こさないようにすることです。

2　行政上の責任

　交通事故を起こした場合の行政上の責任は、安全運転の義務を果たさなかったことを原因として、運転免許の取消し、あるいは運転免許の停止処分として問われることになります。

つまり、運転免許は、一般的には禁止されている自動車の運転を、一定の要件を備えた人に限って許すものですから、交通事故を起こしたり、交通違反を繰り返す人は、安全な道路交通を阻害するおそれがあるということになり、道路交通の場から排除し、あるいは一定の期間停止して反省を促す必要

から、行政処分と呼ばれる運転免許の取消し、停止処分が行われるわけです。

例えば、交通事故を起こして相手方に軽傷（全治30日未満のけが）を負わせた場合、一般的には安全運転義務違反等の交通違反が伴いますので、責任の程度や違反前歴の有無に関係なく、最低でも30日程度の免許停止処分を受けることになります。

3　民事上の責任

交通事故を起こし、他人を死傷させ、あるいは、他人の車両、家屋等の物を損壊させた場合は、賠償金の支払い等によって、その損害を賠償しなければなりません。

その根拠は自動車損害賠償保障法第3条、あるいは民法第709条（不法行為責任）等に定められています。

この民事上の責任、つまり賠償金額は、相手方の過失の大小にもよりますが、最近では5億円を超える例もありますので、場合によっては、その人の将来を左右してしまうことにもなりかねません。

そこで、自動車を保有する者は、こうした場合に備えて、自動車損害賠償責任保険（強制保険）に加入しなければならないことになっています。

ここで、保有という言葉をあえて使いましたが、これは、同法第2条第3項で、「この法律で『保有者』とは、自動車の所有者その他自動車を使用する権利を有する者で、自己のために自動車を運行の用に供するものをいう。」と定められているからです。

もともと自動車損害賠償保障法は、交通事故の被害者を救済することを目的に定められた法律ですが、従来の所有者という概念だけでは被害者の救済

に不十分であることから、責任をとるべき者の範囲を拡大するために「保有者」という定義が規定されたものです。

ところで、この自賠責保険は、被害者が死亡した場合で1人当たり3,000万円、けがの場合は120万円が限度であり、また、物の損壊については対象とされていませんので、これだけでは足りない場合がほとんどです。

そこで、任意の保険として自動車任意保険があるわけですが、自動車を保有する者は、十分な額の保険に加入することが、万一の場合に社会的責任を果たすための最低条件といえます。

次に、賠償を行うに当たっては、相手方と交渉して金額等を決めることになりますが、これを一般的に示談と呼んでいます。

警察職員の場合、公用車両による事故は別にして、私有車両による事故の場合は他人任せでなく、自分の責任で解決するのが、社会人としての常識であることを自覚しておく必要があります。

なお、保険会社の担当者が代わって示談交渉をしてくれる場合がありますが、保険会社がしてくれるのは金銭交渉であり、相手方に誠意を示すことまで代わってもらえるものでないことを承知しておかなければなりません。

ペンディング

未決、保留、懸案中。企画を検討した結果、否決ではないが、実行できないような案件の場合、「この件はペンディングにしておこう」という言い方をする。

第10　ホテル・旅館等及び会食等でのマナー

　ホテル・旅館の部屋を一旦出ると、そこは公共の場となりますから、きちんとけじめをつけることが必要です。

　自分一人が泊まっているわけではありませんから、ホテル・旅館の従業員、他のお客に迷惑がかからないよう注意する必要があります。

1　ホテルでのマナー

1　ホテルの予約と受付

- ホテルの宿泊は予約が必要ですが、ただ予約したからといって安心はできません。その場になって不満を生じさせないためにも、自分の泊まろうとする部屋、例えばシングル、ツイン、ダブルといった部屋の種類、禁煙、喫煙可能かなどの希望をはっきり伝えておく必要があります。
- ホテルには、チェックインは午後3時から、チェックアウトは午前10時まで、といったようにはっきり決まっているところがあります。
　早く到着しても部屋に入れず、またチェックアウトが定時よりも遅れると、更に1日分の料金を払わなければならないこともあります。
　チェックイン、チェックアウトの時間規定については、予約のときに確認しておくことが大切です。
- 日本の場合、チップは宿泊費の中にサービス料金として含まれていることがほとんどであり、考える必要はありません（不安であれば一応フロントで確かめておくと安心です。）。
- ホテルは気持ちよく過ごすところですから、チェックアウトのときなど、お世話になったホテルの人に対して「お世話になりました。」と挨拶をしましょう。

2 外出するときのマナー

- 部屋を一旦出ると、そこは公共の場です。廊下へ出るだけでも、きちんと靴下を履き、靴を使用します。スリッパは部屋の中だけで使用するものです。また、備付の部屋着での外出は禁物です。

- 外出するときは、必ず鍵を持って出ます。最近は自動ロックが多くなっていますので、部屋に鍵を置いたままドアを閉めると入れなくなりますから注意しましょう。
- ホテルの外に出るときは必ず鍵をフロントに預けます。

3 室内でのマナー

- 部屋には必ずホテルの案内、館内図などの説明書がありますから、よく読んでおきます。非常口はどこにあるのか、器具の使い方はどうかなど、しっかり把握しておきましょう。何から何までフロントに電話して聞くと敬遠されるので気を付けましょう。
- お金を払っているからといって、深夜、早朝に従業員を呼びたてることはマナーに反します。
- 深夜の入浴、大きな音でのテレビ・音楽鑑賞は、隣部屋の客の迷惑となるので避けましょう。

4 面会のマナー

- 宿泊者が、外来客を客室に招くことはできません。
  ホテルのロビーは、宿泊者の応接室を兼ねていますから面会はロビーでしましょう。

2　日本式旅館でのマナー

- 予約は、早いほど希望の部屋をとることができます。急な予約は、旅館に対して迷惑がかかることもあるので、旅行が決定した時点で予約をしましょう。
- 旅館によっては、夜11時頃になると館内の正面出入口を閉めるところがあります。せっかく予約しても泊まれない場合があるので注意が必要です。
- 食堂では、他のお客と同じ場で一緒に食事をすることがあります。大きな声で会話をしたり、むやみに話しかけることは、旅の気分に浸っている方々の迷惑になります。

- 入浴時間は、特に用のない限り旅館に任せ、時間を守ることが大切です(特に、男女入替制の大浴場や、家族風呂の利用など。)。時間を無視すると、後のお客が入浴時間を変更しなければならない場合があります。
- 仲居にものを頼む場合、深夜と早朝は控えます。

3　友人宅等へ宿泊する場合のマナー

家族のいる友人宅に宿泊する場合などは、友人の家族(以下「家人」という。)に迷惑がかからないように配意します。

- 家人に対して「おやすみなさい。」、「おはようございます。」などさわやかな挨拶を心掛けます。
- パジャマなど、就寝までの必要品は、早めに整えておきます。深夜になってごそごそするのは、家人の安眠を妨げます。
- 朝食は早すぎても、遅くても家人に気を遣わせる結果となります。前日のうちに朝食の時間帯を聞いて、その時間を守ります。

4　食事のマナー

1　一般的心得

- 服装を正し、手先を清潔にします。
- だらしない姿勢をしてはいけません。
- 目上の人と食事をする場合は、先に箸を取ったり席を立ったりしてはいけません。
- おしぼりは、手を拭くものです。顔等を拭くのはマナー違反です。
- 話題は、聞いて楽しい朗らかな内容のものを選びます。
- 口の中に物を入れたまま話してはいけません。
- つまようじを使用する場合、片手で口を覆い、音をたてないようにしましょう。
- 人に聞こえるような音を立てて汁を吸ったり、物を食べたりしてはいけません。

2　和食（日本料理）のマナー

(1)　席　順
　　前記第2章第6②「席順」参照
(2)　箸の取り方
　　箸の取り方は右図のように、①右手で端をつかみ、②左手でそろえると同時に右手をすべらせ、③に至るのが正しい取り方です。

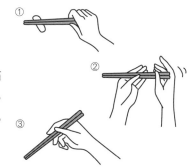

One Action ／ してはいけない食事中の動作

次のような動作は、下品なこととされています。
- こみ箸………口に入れた食べ物を箸で押し込むこと。
- ねぶり箸……箸をなめたり、しゃぶって食べること。
- にらみ箸……お椀や茶碗ごしに、他人を見ること。

- 迷い箸………どのおかずを食べようかと迷うこと。
- なみだ箸……醤油や汁を膳にたらすこと。
- かため箸……御飯を茶碗の中でかき回したり、固めたりすること。
- 受け食い……茶碗を受けとり、一度膳に置かずに、そのまま食べること。
- 犬食い………舌を鳴らしたり、箸や茶碗で、音をたてること。
- 移り箸………一つの物を取りかけて、他の物に変えること。
- さがり箸……おつゆなどをかき回して中身を探ること。
- かき箸………茶碗の縁に口をあてがい、箸でかき込んで食べること。
- 寄せ箸………箸で食器を寄せたり引いたりすること。
- 刺し箸………箸で食べ物を突き刺すこと。
- 横　箸………箸を二本揃えて、スプーンのようにすくうこと。
- 手　皿………料理を食べるときに、手を皿がわりにすること。小皿や取り皿にとって、その皿を持って食べるのがマナーです。

(3) 食事中・食後のマナー
- 　食事中に話をすることは、かまいませんが、物を口に入れながら話をすることは、失礼にあたります。
- 　食事中に、手洗いなどのため席を立つことはできるだけ避けるようにしましょう。
- 　また、食後のお茶を飲むときも、口をゆすぐような飲み方は品がありません。
- 　和食では、汁物のお椀が右側、御飯の茶碗が左側、その奥におかずの皿が並べられます。おかずの数が多いときは、二の膳が本膳の右側につきます。
- 　食べ始めるのは、御飯が先か汁が先かについては、一般に御飯が先とされています。しかし、日常の食事の場合は、どちらでもよいようです。
- 　御飯から汁に移るときは、一度箸を置いて、両手で汁物のお椀を持った後、箸を取って食べましょう。

(4) 同じ物ばかり続けて食べない

　　同じおかずを続けて食べたり、御飯ばかり食べたりしないで、おかずと御飯を交互に食べるようにしましょう。

3　中華料理のマナー

　中華料理は、我々の生活に広く普及しています。食べたことがないという人はほとんどいないと思いますが、いざ宴会やパーティーとなると、どのような注意が必要か戸惑う人もいると思います。基本的なことだけでも身に付けておきましょう。

(1) 席　順

　席順は、図のように一応の決まりはあります（主賓は、入口から遠い正面に、主人側は入口に近いところに席をとります。）。しかし、特に親しい集まりのときなどは、到着順に座る場合が多くなりましたので、その場の雰囲気で座ります。

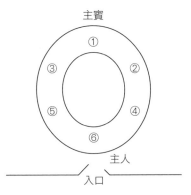

(2) 勝手にテーブルを回さない

　他の人が料理を取っている最中に、勝手に回転台を回すと、その人に迷惑を掛けます。回転台を回すときは、周囲の状況を見てからにしましょう。

(3) 料理はいつも少なめに

　一皿の料理は、全員にいき渡るようになっていますから、最初から少なめに取りましょう。ただし、一度全員にいき渡って残っているときは、おかわりしてもかまいませんが、食べ残さないようにしましょう。

(4) 取り皿を替えたいとき

　違う料理を取るからといって、取り皿を替える必要はありません。しかし、取り皿は、汚れたり、次の料理の味が損なわれると感じたら、新しいものと取り替えるなどしてもよいとされています。

(5) その他

- 主賓（客）は、中心人物なので、主人側のもてなしに感謝し、席をもり立てるように気を遣いましょう。

また、料理の取り回しは主賓が最初に行います。
- 　料理を取るときは、相手と交差しないようにしましょう。
- 　嫌いな料理には、無理に手をつける必要はありません。
- 　箸は、返し箸（持ち手部分を逆にして取る。）をしてはいけません。

返し箸をしてはいけません

4　洋食のマナー

　結婚披露宴、歓送迎会、その他いろいろな会合でも、テーブルマナーが求められる洋食の機会が多くなりました。それだけに警察官として基本的なマナーを身に付けておかないと、思わぬときに恥をかくことになりかねません。

　動作として自然にできるよう、次の点を心掛けましょう。

(1)　席　　次

　　席次は、次の図のとおりです。

　　入口から一番遠い席が上座になります。

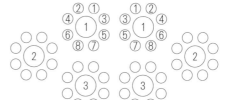

(2)　椅子の座り方

　　食卓に着くときは、自分の席の左側に立ち、主賓が着席するのを待って椅子の背を少し引き、左側から静かに深く腰掛けるようにします。

(3)　飲食器の配置

　　洋式の食事は次の図のとおり、テーブルの右側にスプーンとナイフ、左側にフォーク、その左側にパン用の皿とバターナイフ、前方に果物用のフォークとナイフ、アイスクリーム及びコーヒー用のスプーンなどが並べられているのが一般的です。

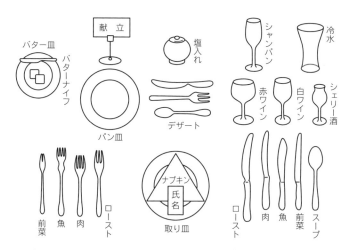

(4) ナプキンの使い方
- ナプキンは、食事中に手や口の汚れをとる場合に使用しますが、着席したら目上の人が手をつけてから、取り上げて二つ折りにし、折り目を内側に向けて膝の上に広げるのが順序です。

  スーツの上着に前掛けのように掛けたり、ベルト等に挟まないようにしましょう。

- 食事中に、何かの理由で席を立つときは、ナプキンを折り畳まないで椅子の上に置きます。テーブルの上に置いて席を立つと、帰ったとみなされます。

- 食事が済んだからといって、ナプキンをすぐテーブルに置くのはよくありません。他の客がまだ食事をしていたら、それが済むまではそのままにしておきましょう。

  また、ナプキンをテーブルの上に置くとき、きちんと畳んでおく必要はありません。かといって丸めて置くのもどうかと思います。その場合は、軽く四つ折りぐらいにして左側に置くようにしたほうがよいでしょう。

  もし紙ナプキンだったら、皿の中にいれても差し支えありません。

(5) フルコースのメニュー
  フルコースのメニューは、一例として、
- オードブル（前菜）／スープ／魚料理（えび又は魚料理）／アントレ（中心となる肉料理）／酒入氷菓（シャーベットなど）／ロースト（蒸し、焼肉料理サラダ添）／デザート（アイスクリーム等）／フルーツ（季節の果物）／コーヒー又は紅茶等

の順序で出てきます。

⑹ 食べ方のポイント
　① 椅子は左から掛けます。
　② 料理は左から運ばれます。並んでいるナイフとフォークは外側のものから、順次内側に向けて使っていきます。
　③ スープは向こう側へすくいます（フランス式は、向こうから手前にすくいます。）。音をたてずに飲むのがマナーです。
　　　スープが残り少なくなったときは、皿の手前側を軽く持ち上げ、スープを先の方にためるようにしてすくいます。
　④ パンを食べたり水を飲むときは、ナイフとフォークを皿の中央に交差させるか、八の字に置きましょう。
　⑤ 食事が終わったら、ナイフの刃を手前にフォークは上に向けて柄を右にして右斜めにそろえて置きます。置き方を間違えると、食べている途中で片付けられてしまいます。

ナイフ・フォークの置き方

食事中

食事が終わったとき

　⑥ 肉料理は左から切って食べます。
　⑦ サラダは肉料理と同じフォークを使いましょう。
　⑧ デザートとコーヒーは正面のスプーンを使いましょう。
　⑨ 喫煙席の場合、たばこはデザートが出されるようになってから吸いましょう。ただし、隣席の人に念のため吸ってよいか聞いてからにしましょう。
　⑩ 指先が汚れたときはフィンガーボールで洗い、ナプキンで拭きましょう。
　⑪ コーヒーのスプーンは、砂糖を混ぜたらカップの向こう側へ置きましょう。
　⑫ コーヒー等を飲み終わったらナプキンを軽く畳み、テーブルに置きましょう。
　⑬ 立つときは椅子の左側から立ちましょう。
　⑭ 足を組んでの食事は、不作法ですのでやめましょう。
　⑮ ナイフやフォークを落とした場合は、自分で拾わないで、ウェイター（ギャルソン）に取り替えてもらいましょう。

One Action　洋食とワイン

　西洋料理では、その料理を一層おいしく味わうために、それぞれの料理に合う洋酒が出ます。
　正式には、食前酒としてベルモットかシェリー酒が用意されますが、これはスープが終わるまでのものです。
　一般的に、魚料理には白ワイン、肉料理には赤ワイン、乾杯にはシャンパン、デザートにはリキュールが用いられ、この順番に出されます。
　洋酒は持ち前の香りを味わうために、季節によってそのワインに合った温度に調整されています。
　赤ワインに合った温度は、一般的に室温（昔のフランスの室温16～18度）といわれています。そのため、テーブルに出す前に適温にしてあります。白ワインとシャンパンは冷やして飲みますが、冷やしたワインは暖かい室内ではしずくが垂れるおそれがあり、また手の温度が伝わらないように、ナプキンで巻いてサービスされることもあります。
　洋酒は、グラスにあふれるほどつがないのが一般的です。

5　乾杯のマナー

(1)　日本式の乾杯

　配膳が終わり、来客一同の盃に酒がつがれたときにするようにしましょう。中には、最初に一杯目をつがれたとき、すぐに口をつける人がいますが、これはマナーに反しています。主賓が、乾杯の音頭をとるのを待って口をつけましょう。

(2)　西洋式の乾杯

　西洋式の宴会では、ロースト（蒸し焼きなどの料理）が出たときにするのが正しいとされています。

　乾杯のときには、立ち上がって、グラスを目の高さぐらいに持ち上げ、乾杯の音頭があったら、接待者側や両隣りの人たちに黙礼をし、飲み物を飲み干し、飲めない人は飲むまねをしましょう。

(3) 中国式の乾杯

中国式の乾杯は、前菜が運ばれてきて、客一同の盃に酒がつがれたときにします。その後、主な料理が運ばれてきたときに、もう一度乾杯しても差し支えありません。

One Action　お酒の注ぎ方、注がれ方

年上の方が多い飲み会では、お酌する機会も多くなるでしょう。お酒の種類によって注ぎ方、注がれ方が違いますので、使い分けができるようにしましょう。

ビール 注ぎ方
① 瓶を傾けたときにラベルが上になるように瓶の下部を右手で持ちます。左手はラベルの反対側を軽く添えるように持ちます。瓶を片手で持ってはいけません。
② グラスの中の泡が全体の面積の3割程度になったら、注ぐのをやめます。

注がれ方
グラスは両手で持ち、斜めに傾けすぎないようにします。

ワイン 注ぎ方
（居酒屋やホームパーティでの場合。レストラン等では、ソムリエ又はウェイターに任せましょう。）
① 瓶を傾けたときにラベルが上になるように瓶の下部を右手で持ちます。左手はラベルの反対側を軽く添えるように持ちます。
② 注ぎ終わる際は、ボトルを軽くひねり、滴がこぼれるのを防ぎます。

注がれ方
グラスは、注がれるまでテーブルに置いたままにします。

日本酒 注ぎ方
① お銚子の中央を右手で持ち、左手を添えます。お銚子の首は持ちません。
② 注ぎ始めは少量から徐々に多くしていき、最後はまた少量になるように盃に注ぎましょう。目安は杯の8～9分目まで。
③ 注ぎ終わる際は、お銚子を軽くひねり、滴がこぼれるのを防ぎます。

注がれ方
盃は右手に、左手は指を添えるようにして両手で持つようにします。

第 5 章

明るい人生プラン
充実した生活を築くための知識

第1 明るい人生プラン

　理想や目標を決めて努力している人と、そうでない人とでは、その人の人生がまるで変わってくるものです。理想はその内容により永遠に達成されるものではないかもしれません。しかし、目標は日々努力することで実現するものがあります。

1 目標の設定と努力

　何をするにも、まず目標を定めて、それに向かって研究・努力することが必要です。
　自分の過去を振り返ってみてください。高校や大学に入学したのも、しっかり勉強して将来これこれの職業に就こうという一つの目標があったはずです。また、自動車の運転免許取得や警察官になったのも、「自動車を運転したい」「警察官になって社会のために尽くそう」という目標があったからではないでしょうか。
　そういう目標があったからこそ、苦しい受験勉強や難しい試験に挑戦して、それを突破してきたのです。

大勢の中には、「先のことは分からないから」、また、「挫折してしまうので、自分は目標を持たない」と言う人がいます。

そのような人でも、大きな、また、明確な目標でなくても必ずや、夢や希望を持って生活しているはずです。もしも、目標を持たずに過ごしていたらどうなるのでしょうか。働く意欲や努力はもちろんのこと、生きていく力もやがては失ってしまうのではないでしょうか。目標を持たない人は機械同然といっても過言ではないと思います。

今、あなたの周りにいる上司や技能の優れた人でも、若いときは皆あなたと同様、人生の第一歩から踏みだして、今日を築いたのです。

若さは、計り知れない可能性を秘めています。若いあなたは、やればできる力を持っているのですから、現状に満足せず、とにかく無限の能力発揮に向かって突き進みましょう。

2　自己啓発

警察の業務は、広範に及んでいることから、多くの知識・技能の習得が必要になります。

よって、職場教養、すなわち、日々の教養の積み重ねが重要となってきます。職場教養も、自分自身が学ぶという姿勢がなければ進歩はありません。それも「上から言われたからやる」というものではなく、自らが積極的に「やる気」を持つこと、いわゆる自己啓発意欲が最も必要です。

ここでは、自己啓発を進める上での基本的なことについて述べます。

1　勉強

勉強する上で最も大切なことは、勉強しようという意欲を持つことと、いつも実務に関連した問題意識を持つことです。この意欲と問題意識を持っていれば、あなたが勤務中に取り扱うこと、経験すること全てが、大切な勉強となるのです。

幸いあなたの周りには、各分野の先輩がおりますし、指導を受けることも容易なはずです。また、同期生や友人と討論し、お互いに研さんし、実力の養成に努めることもできる環境にあります。
　あなたにとって、今が勉強のために、最もよい機会であるといえます。
　それでは、どのような勉強をしたらよいかということになりますが、それはあなたの将来に対する目標によって決めるべきです。あなたはこれから警察官としての任務を全うし、職業人として社会に奉仕しなければなりません。そのためには実務能力の向上を図ることが当面の目標となります。実務に直結した法令関係の勉強を中心に置くとよいでしょう。

　また、警察は実力の社会であり、努力次第で上級幹部への昇進の道が開かれています。幹部に昇進することだけが警察官の生きがいとはいえませんが、勉強するための努力目標としては、好適なものと思われます。

2　読　書

　テレビが普及する以前の時代、読書は、情報収集、勉学のための大切な手段であり、かつ、娯楽でありました。
　ところが、今やテレビのほか、携帯電話・スマートフォンやパソコンからインターネットを通じて様々な情報が簡単に取得できる時代となり、若者を中心として一層の読書離れが進んでいます。しかし、こうした環境の変化の中にあっても、「思考力・想像力」を養うためには読書に勝るものはありません。
　パスカルは、「人間は考える葦である。」と言っていますが、考えるということは、人間として精神形成をしていくために欠くことのできない要素です。

　⑴　どんな本を選ぶか
　　　現代は多種多様な本があふれています。このような中から、どの本を選べばよいのか非常に迷うところです。
　　　しかし、どんな本を選ぶかは、自分自身が決めなくてはならないので

す。そのためには、まず、数多くの本を読むことです。そうすることによって、本に対する選択眼も自然に培われてくるものです。

(2) 古典のすすめ

　どうしても本の選択ができない人には、古典をおすすめします。

　評論家の亀井勝一郎氏は、その著『読書に関する七つの意見』の中で、「私が第一にすすめたいと思うのは、古今東西を通じて誰の著作でもいい。とにかく、巨大な体験そのものの中にいきなり飛び込めということである。例えば文学の場合、乱読しているうちに親愛感をいだいたり、あるいは深く感動した作家に出会ったならば、直ちにその作家の全集を買いこんで1年でも2年でもかかって、その一人の作家に打ち込む。」と述べているように、古典的名著は、社会の幾多の変遷にも耐えて、著者の巨大な体験や偉大なる思想が現代もなお生き続けて読者に深い感動を与えるからです。

(3) 繰り返し読む

　「読書百遍意おのずから通ず」と言われます。

　一回読んでよく意味が分からなくても、繰り返し、繰り返し読んでいくうちに自然と意味が分かるようになるということです。

(4) 座右の銘を持つ

　読書をすることによって「座右の銘」を持ちましょう。

　座右の銘とは、自分自身が生きていく上での信条の基本といったものです。

　よく、インタビュー等で、「あなたの座右の銘は何ですか。」という質問があります。

　そんなとき、黙っていたり、「ありません。」と言ったのでは、あなたの評価を下げてしまうことにもなりかねません。

　座右の銘を持つことは、「この人は、こんな信条的なものを持っている人なんだな。」と相手に知らせることになり、一定の評価につながります。

(5) 読書時間の確保

　休日等の時間を有効に使うためには、ただ漫然と過ごしていては駄目です。

　自分自身を見つめ直すチャンスとして、精神の健康を図るための「読書時間の確保」が必要となってくるのです。

(6) 批判精神を持つ

　読書とは、著者との巡り会いであり、対話をすることです。その中から考えるという力がついてきます。ですから、著者の意見を無批判に全て受け入れていたのでは、本当の読書とはいえません。

　著者の思想なり意見に対して、自分自身の思考なり体験をぶつけることによって、「この点は納得できる。」、「この意見には賛成できない。」などと考えることが、本当の読書なのです。

(7) 読むスピード

　読む速さは、人によって違います。また、本を選ぶために斜め読みする場合もあります。

　結局のところ、読む速さにこだわらず、ゆったりした気分で読むのが一番よいでしょう。

(8) 「積ん読」について

　読むつもりで購入したが、読む暇が取れなくてただ積んでおくという、いわゆる「積ん読」ですが、これも大切です。

　本の購入を思案したときに、購入をやめると、その時点で「読む」という選択肢が消えてしまいます。二度とその本に出会えなくなるかもしれません。「積ん読」しておけば、いつでも読めるチャンスがあります。

　本の題名を見るだけでも有益ですし、何か困ったときに大変役立つときがあります。

One Action　時は金なり

　１人の男が店に入ってきて、１ドルの品物を手にして、「これが欲しいのだけれど80セントにまけてくれないか。」と言った。しかし、店の主人は、その客がどんなに言葉を尽くしてもどうしてもまけなかった。とうとう客は諦めて、正札どおりの値段で買いましょうと仕方なく言った。

が、店の主人は、頭を振りながら、「あなたは、私の貴重な時間を浪費した。だから、１ドルで売ったのでは損をしてしまいます。１ドル20セントなら、売りましょう。」と言った。
　米国人らしい合理的で、抜け目のない話です。「時は金なり」という考え方がいかに血となり肉となっているかを示すエピソードだといえます。
　時間は貴重です。日常生活においても、効率的かつ有意義に過ごしましょう。

One Action　意識を転換するための名言

跬歩(きほ)を積まずば、以て千里に至るなし　　　　　荀子

　「跬歩」とは一足の半分である。半歩ずつでも、たゆまず歩いていけば必ず千里の距離もいつかは踏破できる。少しずつ進むことをはがゆく思っていたのでは、目的達成はできない。

人生についての処世訓　　　　徳川家康

　人の一生は重荷を負うて遠き道を行くが如し、急ぐべからず。不自由を常と思へば不足なく、心に望みおこらば困窮したるときを思い出すべし。
　堪忍は、無事長久の基。怒は敵と思へ。勝つことばかりを知って負くることを知らざれば害その身に至る。
　おのれを責めて人を責めるな。及ばざるは過ぎたるより優れり。

KEYWORD　PDCAサイクル

　効率良く業務を行うためのマネジメントサイクルの一つ。Plan（計画）・Do（実行）・Check（点検・評価）・Act（改善・処置）を一連の流れとして繰り返すこと。また、「Check」のCを「Study」のSに置き換えたPDSAサイクルは、「Check」を単なる「点検・評価」に終わらせず、「Study（深く考察し、反省し、学ぶ）」としている。PDSAは「失敗学」の理念である。

第2 昇任試験挑戦のすすめ

　警察力の質的強化を図るためには、職員の一人ひとりが、その職業人としての実力を養い、その結果、組織として最大限の能力を発揮できるようにすることが必要です。

　職務に精通するためには、普段から関係法令、手続等を十分にマスターすることが基本です。受験勉強は、昇任試験のためだけの勉強ではなく、仕事をする上で必要な勉強であることを念頭に、昇任試験にチャレンジしてください。

1　昇任試験の取り組み方

　昇任制は、試験昇任制、選抜昇任制及び選考昇任制により運用されています。

　ここでは、幹部の最初の登龍門となっている巡査部長昇任試験について紹介します。

　昇任試験については、「警察職員の任用に関する訓令」などに受験資格や試験科目などが詳しく規定されています。

　試験区分は、各都道府県によって多少の違いはありますが、予備試験、第一次試験、第二次試験の三段階になっています。

　また、試験問題については、条文を暗記していればできるというものではなく、日々発生し取扱いが多い事案、又は、最近、話題や問題となりつつある実務に直結した問題が出題され、それに対しての解釈や取扱い等を解答するという形式が多くなっています。

　したがって、巡査部長試験に合格するためには、平素から勉学に励むとともに、術科や各種技能についても、訓練・習得しておく必要があります。

そのほか、試験には、勤務成績や表彰等も評価し加点されますので、自分の仕事に精通し、自信を持って仕事をしていくことが大切です。

1 長期計画

言うまでもなく、受験科目としては、憲法、警察法・行政法、刑法、刑事訴訟法の法学分野、警察管理、警務警察、刑事警察、生活安全警察、地域警察、交通警察、警備警察の実務分野があるわけですが、仮に、これら11科目を1年間で勉強するとなると、1科目に充てる期間は、1か月少々しかないことになります。

したがって、年間を通じての長期計画を立て、科目ごとに自分なりの重点を置いた勉強を計画する必要があるでしょう。

2 短期計画

受験日の3～4か月前から勉強を始める場合でも、科目ごとに日数で計画を立てる必要があります。この場合は、時間の余裕がないわけですから、勉強内容は、ポイントを絞ったものにしなければなりません。

とりわけ、重点目標、各種会議等の資料、通達、執務資料、教養資料等には、確実に目を通しておくことが大切です。

3 出題傾向の把握

無駄のない勉強をするためには、出題傾向を把握することが大切です。先輩たちは、数年前からの傾向をまとめているはずですから、情報を収集し、自分なりに傾向をつかみ、それに重点を置いて勉強するのが効果的です。

4 実務に直結した勉強

最近の出題は、「事件に強い警察」の確立といった観点から、実務に直結した問題が多くなっています。

昇任試験の目的は、幹部として適正な職務執行を行う能力があるかどうかを確認することにあるわけですから、日頃の諸執行業務を一つひとつよく考え、大切にこなすことが必要です。

例えば、警ら中、一人の不審者に職務質問した場合にも、職務質問の根拠、要件等について、帰宅してからもう一度勉強し、確認することが大切です。

最近の出題傾向に即してみた場合、警察官職務執行法は、警察官にとって、最も日常的かつ一般的に用いられている法律で、実務の基本となるものですから、しっかりと理解しておく必要があります。

したがって、平素の諸執行業務に当たり、問題意識をもって臨んでいるか否かにより、その理解度に差が出ることになるでしょう。

2 具体的な勉強方法

1 基本書の選定

昇任試験の参考書等は数多くありますが、自分なりの基本書を決めるに当たっても、日常の実務に直結した参考書を選定することが望ましいでしょう。

私たちは学者ではなく実務家ですので、

- 判例や事例が多く載っているもの
- 平易な表現で内容の分かりやすいもの
- 上司、先輩が薦めるもの

などから、自分に合ったものを選びましょう。

> 例規集
> 　例規集は、仕事をする上で欠くことのできない基本書です。
> 　警察業務の全般について、業務の進め方を規定しており、法律だけでは理解できない事項についても、例規集には身近な規定として定められています。
> 執務必携（執務提要・実務必携）
> 　執務必携等が発行されている都道府県にあっては、試験場に持ち込みができる場合もありますから、普段から使い込んでおきましょう。
> 受験雑誌
> 　受験雑誌は、その時々の警察業務上重要な問題を取り上げて解説していますので、必要な記事は、本をばらしてファイルにまとめておきましょう。

> その他
>
> 　時事用語等は、警務警察やＳＡ式問題に出題される可能性が高いので、新聞等の用語解説等を切り抜き、ファイルにまとめて目を通しておくことが大切です。
>
> 　判例は、法令の解釈や運用の指針ともなり、また、事案の真相を明らかにし、犯人を捕捉するという捜査の結晶ともいえるものですから、日頃から勉強しておきましょう。

2　サブノートの作成

　サブノートは、人によってその内容は様々ですが、要は、平素から意識的に資料を読み、その背景や問題点を抽出し、対策の基本、対策推進上の留意事項等について、自分なりの考えをまとめておくものです。

　したがって、通達や執務資料、教養資料等が出たときには、科目ごとにまとめておくことが大切です。

　また、サブノートには、その後勉強して判明した事項や関連事項を書き加えていくと、さらに充実したものとなるでしょう。

3　答案の作成

　論文試験は、何といっても、問題に対する柱（項目）がしっかりしていなければなりません。文章構成は、「序論、本論、結論」又は「起、承、転、結」に従って書くことが一般的な方法ですから、答案構成もこれに従って柱を立てて作成すべきです。

　なお、答案の作成に当たっては、

- 文字は丁寧に
- 誤字、脱字がないように
- 平易な表現で書く
- 出題の意図をはっきりととらえる

などに注意し、全体的にバランスのとれた答案を書くことに留意しましょう。

　また、実際の試験のときに、どれぐらいの分量が書けるかを実際に書いて確かめておくことが大切です。仮に、試験時間が60分であるとすれば、45分ぐらいで書き終えるように練習しておきましょう。

第3 健康の保持

健康を維持するには、勤務に励む傍ら、食事、運動、飲酒、喫煙の生活習慣を再考することが第一歩となります。第一線では勤務時間が長く、疲労度も高くなります。健康保持のため日頃から次の点に注意しましょう。

1 食生活の知識

食事は毎日の生活の中で大きな楽しみの一つです。今はお金さえ出せば世界中のおいしいものが簡単に食べられる世の中です。24時間営業のレストランもあり、手軽に外食ができます。しかし、その一方で家庭の味が消えていったり、インスタント食品やファーストフードに頼るあまり、栄養の偏りも心配されます。健康な生活を送るためにどういう食事をしたらよいか考えてみましょう。

1　バランスのよい食事を

体に必要な栄養素には様々なものがあります。大きく分けると5つになります。

① 主食……ごはん、パン、麺、パスタなど
　　　➡ 主に炭水化物の供給源
② 副菜……野菜、いも、豆類（大豆を除く）、きのこ、海藻など
　　　➡ 主にビタミン、ミネラル、食物繊維の供給源
③ 主菜……肉、魚、卵、大豆及び大豆製品など
　　　➡ 主にたんぱく質の供給源
④ 牛乳、乳製品……牛乳、ヨーグルト、チーズなど
　　　➡ 主にカルシウムの供給源
⑤ 果物……りんご、みかんなど
　　　➡ 主にビタミンC、カリウムなどの供給源

これらをバランスよく摂らなければならないのですが、いちいち考えるの

ではとても大変です。そこで、もっと簡単にバランスのとれた食事を摂る方法が「食事バランスガイド」として紹介されています。例えば、ごはん小盛り１杯、野菜サラダ、目玉焼き、ヨーグルト、みかん１個をそれぞれ一つ分として数え、年齢や運動量に合わせて自分に合った分をバランスよく摂取するというものです。

具体的な内容は、厚生労働省、農林水産省のホームページで紹介されていますので、まずは、自分の１日分の適量を調べてみましょう。

これらを踏まえて、ごはんやパン（主食）と肉や魚料理（主菜）に野菜など（副菜）を毎食そろえるようにし、さらに、１日のうちで牛乳や果物を摂るようにすればバランスのとれた食事になります。ただし、カロリーが高くならないよう注意することが大切です。

また、ＢＭＩが25以上で、腹囲が男性、女性とも基準値以上の場合、内臓脂肪型肥満の疑いがありますので、注意しましょう。

$$\mathrm{BMI} = 体重(kg) \div 身長(m)^2$$

朝食は、１日の活力源になるので必ず摂りましょう。昼食は必ず３菜は摂るようにしましょう。外食の場合は１品料理ではなく、定食がお薦めです。夕食は、朝、昼であまり摂れなかった栄養素を摂るように献立を考えます。野菜中心の軽い食事が理想で、就寝の３時間前には食べ終わるようにしましょう。

2　塩分は１日10グラム以下に

塩は人間にとってなくてはならないものです。しかし、摂り過ぎると高血圧の原因になり、心臓病や脳卒中の原因になるので次の点に注意が必要です。

- しょうゆ・ソースは上から直接かけないで、小皿にとり、つけて食べる。
- 味噌汁は具だくさんにして１日１杯にする。
- 漬物にしょうゆや化学調味料はかけない（できるだけ浅漬け・一夜漬けのものを）。
- 麺類はスープを残す。
- テーブルに食卓塩、しょうゆを置かない。

- 加工食品（しゅうまい、かまぼこ、ハムなど）には塩分が多く含まれているので摂り過ぎに注意する。
- 調味料は計って使い、香辛料・酢などを上手に利用する。

3　動物性脂肪は控え目に

　最近の食生活は、欧米諸国並みになり、動物性脂肪の摂取が増えています。高脂血症・動脈硬化・大腸がん・乳がん等の原因になるので摂り過ぎには注意しましょう。肉の油身だけではなくベーコン・ソーセージなどの加工品やバター・チーズも注意しましょう。また、魚の脂肪にはコレステロールを下げる働きがあるといわれていますので、魚も摂るようにしましょう。

4　野菜をいっぱい食べよう

　野菜をたくさん摂ることで、ビタミンとともに食物繊維が摂れます。食物繊維は便通をよくするだけではなく、脂肪の吸収を防いで、高脂血症の予防にもなります。1日350グラム（両手に山盛りいっぱい）は摂りましょう。生野菜ではかさが多くてあまり量を食べられませんから、サラダだけではなく煮物や炒め物にして熱を通すとよいでしょう。

5　カルシウムを上手に摂ろう

　日本人の食生活で不足しやすいものはカルシウムです。これが足りないと、骨がもろくなる骨そしょう症という病気になりやすく、年を取ってから寝たきりの原因になります。加えて、集中力がなくなってイライラしやすくなり、ストレスに弱くなります。

　カルシウムは、牛乳や小魚などに含まれていますが、特に牛乳はカルシウムの吸収がよいので、1日200～400ミリリットルは飲みましょう。ただし、インスタント食品や加工食品に含まれるリン酸塩はカルシウムの吸収を妨げますので、これらの摂り過ぎには注意しましょう。

6　外食の上手な摂り方

　最近は外食する機会も多くなりました。ただ、外食依存度が高くなると一般的に塩分や動物性脂肪が多く、野菜が不足しがちです。メニューの選び方を工夫して補うようにしましょう。

- 外食は1日1回を限度とし、店とメニューを固定しないようにします。
- できるだけ定食を食べましょう。単品のときは、サラダ、おひたし等を追加して、麺類だけのときは五目そばなど具に野菜が入っているものを選び、汁は全部飲まないようにしましょう。

7　女性のための食生活

　女性に不足しがちな栄養素は、カルシウム・鉄・食物繊維と言われています。特に若い女性に鉄欠乏性貧血が多いのです。というのは、もともと生理で毎月血液が失われますし、インスタント食品・ファーストフードに偏る食生活が原因になっているとも考えられます。また、無理なダイエットをして栄養不足になるだけではなく総カロリーが足りなくても貧血になるのです。睡眠不足もいけません。自覚症状としては、めまい・動悸・息切れ・脱力感・疲れやすい・ゆううつ感・爪がもろくなるなどです。若いうちに無理なダイエットをして、栄養不足になると、老化現象が早く出るとも言われています。

2　休養について

　私たちが働きながら、健康を保持していくのに最も大切なことは、十分な休養を取ることです。疲れは蓄積されると多少のことでは回復しません。勤務が明けて帰宅したときは、十分な入浴と睡眠により、疲労を取り除きましょう。
　また、睡眠不足を補うためには、休めるときに5～10分程度の仮眠を心掛けると、頭もスッキリして体調も良くなります。
　眠りにつくためには、
- 就寝前にスマートフォン・タブレット等を操作しない
- 照明や音に気を配る
- 空腹感を取り除く

- 寝つきの工夫をする

などに留意しましょう。大人の場合、睡眠時間は個人差もありますが、7～8時間はとり、夜は午前0時前には必ず横になるように心掛けることが大切です。

3 依存症について

1 依存症とは

　飲酒や薬物の使用、ギャンブル、買い物、ゲームなどの習慣的な行動によって、日常生活に支障を来しているにもかかわらず、自分の力だけではやめられない状態をいいます。

　依存症は大きく次の三つに分けられます。

① 物質への依存

　　ある物質を飲んだり注射したりして摂取し快楽や刺激を得ることにより、その物質に執着・依存するというものです。

> アルコール、たばこ、薬物など

② 行為・プロセスへの依存

　　ある特定行為をする過程で得られる興奮、刺激及び安心感を求めて、その行為自体に執着・依存するというものです。

> ギャンブル・買い物・盗癖・ゲーム・インターネット・ダイエット・性・浮気など

③ 人への依存

　　ある特定の人との人間関係に依存するというものです。歪んだ人間関係に執着することで、人とのつながりを求めようとします。

> 女性依存・男性依存・ＤＶ・ストーカーなど

　これら三つのケースに共通しているのは「コントロール障害」であるということです。「コントロール障害」とは、自分の意思で、量・頻度・場所・

状況などをコントロールできなくなるというものです。

2　依存症に関する正しい知識を

　依存症は、「根性がない」とか「意志が弱い」からなるのではなく、いろいろな病気と同じように、誰でもなる可能性があります。また、本人は依存症であることに気づきにくく、回復の必要性を自覚するまでには時間がかかることから、まずは、周囲の方が専門の機関に相談して、「適切なサポート」のしかたを知ることから始めましょう。

4　健康診断

　健康は、これを失ってからその価値を知るといわれています。健康でいるときには、その有り難さが分からないようです。職場の健康診断は、病気の早期発見につながる大切な機会です。その結果、精密検査をするように言われたにもかかわらず、何らかの理由で精密検査を受けない人がいます。このような考えでは「自分の健康は自分で守る」ことができるわけがありません。良い機会ですので、

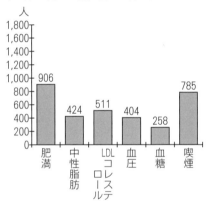

定期健康診断異常所見（延べ数）
令和5年12月（警察職員三千数百人規模のある県の例　※初任科生を除く）

自分の体を守る意味からも、怖がらず、積極的に受診して、原因を確かめることが必要です。

One Action　早期治療

　寮や下宿での生活は、一旦健康を損ねると、苦痛を伴い、不自由な日々を送ることとなりますし、看病をしてくれる人もなく、生活面に大きな負担となりますので、体調の変化に合わせ早期治療をしなければなりません。

病気やけがをしたときは、次の給付を受けることができます。

（令和5年12月現在）

病気、負傷のとき	本　人	警察共済組合 ○ 医療費の100分の70 ○ 一部負担金払戻金（同一月の同一医療機関対象） 　　組合員負担額から25,000円又は50,000円を控除した額 　　（100円未満切り捨て、1,000円未満不支給） ○ 傷病手当金 　　過去1年間の平均標準報酬の日額の3分の2 ○ 休業手当金 　　標準報酬の日額の100分の50
	家　族	○ 医療費の100分の70 ○ 未就学児童　　　医療費の100分の80 　　70歳以上75歳未満　医療費の100分の80 ○ 家族療養費附加金（同一月の同一医療機関対象） 　　組合員負担額から25,000円又は50,000円を控除した額 　　（100円未満切り捨て、1,000円未満不支給）

5　体力の増強

　警察官である以上、強じんな身体が要求されます。常日頃から積極的に身体を鍛え、病気などにかからないように心掛けましょう。

運動の注意事項

- 自分の運動不足の程度を知りましょう。
- 始めは軽い運動から始めましょう。
- 運動中は、必要に応じ水分を補給しましょう。
- 運動は楽しくしましょう。
- 三日坊主にならないよう心掛けましょう。

One Action　話題の病気や医療についての知識

　長年にわたって社会問題化しているがんや生活習慣病、また脳死と臓器移植問題などについて皆さんはどのような知識を持っていますか。
　ここでは、特に、頻繁に取り挙げられている病気や医療について説明します。

がん

　日本人の死因の第1位は、がんです。「がん」になる可能性は誰もが持っています。私たちは身体の全ての細胞の中にがんの遺伝子を持っています。健康なときや若いうちは、免疫機能が有効に働いて、がんの芽を摘み取ってくれますが、不摂生・不衛生や加齢によって、免疫機構の機能が低下し、正常な細胞ががん化しやすくなります。
　医療の進歩に伴って、がんは早期発見・早期治療ができるようになってきました。年1回はがんの検診を受けるようにしましょう。早期に発見すれば治る確率も高いのです。
　最後に、がん予防12か条を挙げておきます。

① バランスのとれた栄養を摂る。
② 同じものを繰り返して食べない。
③ 食べ過ぎを避け、脂肪は控え目に。
④ お酒はほどほどに。
⑤ たばこはやめる。
⑥ 適量のビタミン、食物繊維を摂る。
⑦ 塩辛いものは避け、熱いものは冷ましてから食べる。
⑧ 焦げたものは、食べない。
⑨ かびのはえたものは、食べない。
⑩ 紫外線に当たりすぎない。
⑪ 適度な運動をする。
⑫ 体を清潔にする。

生活習慣病

　生活習慣病とは、日々の生活習慣の結果、自らがつくってしまう慢性の病気です。

肥満、肝障害、糖尿病、高血圧、高脂血症等から、やがて命取りとなるがん、心臓病、脳卒中へとつながっていきます。

　毎日どんな生活習慣を続けるかが、生活習慣病をつくるか否かの分かれ道です。生活習慣病にならないために、前記第5章第3①「食生活の知識」、②「休養について」、⑤「体力の増強」を参考にしてください。

|脳死と臓器移植|

　現在、死の判定は、
① 　心臓の停止
② 　呼吸の停止
③ 　瞳孔反射の消失

という、いわゆる死の三大兆候といわれるものを確認するのが一般的です。

　しかし、「脳死」といわれるものは、心臓は動いていてまだ体も温かい状態です。一般の人にとっては、死という実感が湧かないのではないでしょうか。

　脳死の定義は「全脳の不可逆的な機能喪失」とされ、昔は脳が死ねば必ず人間も死にましたが、レスピレーター（人工呼吸器）が出現してからは、放っておけば呼吸が止まってしまう状態でも、機械で呼吸をさせて心臓を動かせるようになりました。これが脳死といわれているものです。脳死と混同されがちなものに「植物状態」があります。

　脳死は、脳全体が死んでいるので再び意識を取り戻すことはまずありません。しかし、植物状態は、脳幹（呼吸中枢）は生きていて自分で呼吸をすることができますし、再び意識を取り戻す可能性も十分にあるものです。

　我が国においては、「臓器の移植に関する法律」（臓器移植法）が1997（平成9）年10月に施行され、それまで行われてきた心臓停止後の死体からの眼球（角膜）及び腎臓の移植に加え、脳死した者の身体からの心臓、肝臓等の移植ができることとなりました。このため、厚生労働省では臓器提供の意思を明示するカード（臓器提供意思表示カード）を広く多くの国民に配布し、さらに、運転免許証や医療保険の被保険者証に意思表示ができるようにして、その普及に努めています。

臓器移植法においては、同法の施行後3年を目途として、その施行の状況を勘案しその全般について検討を加え、必要な措置を講じる旨が規定されていたところ、2009（平成21）年7月の改正により、親族に対する優先提供、臓器摘出に係る脳死判定の要件等が見直されるなど、今後もこの規定を踏まえた臓器移植制度全般について国民全体の議論が深められていくものと思われます。

臓器提供意思表示カード

運転免許証裏面

```
┌─────────────────────────────────┐
│ 備 考                          │
│ ─────────────────────────────── │
│ ─────────────────────────────── │
│ ─────────────────────────────── │
│ ─────────────────────────────── │
└─────────────────────────────────┘
```

以下の部分を使用して臓器提供に関する意思を表示することができます(記入は自由です。)。
記入する場合は、1から3までのいずれかの番号を○で囲んでください。
1. 私は、脳死後及び心臓が停止した死後のいずれでも、移植のために臓器を提供します。
2. 私は、心臓が停止した死後に限り、移植のために臓器を提供します。
3. 私は、臓器を提供しません。
《1又は2を選んだ方で、提供したくない臓器があれば、×をつけてください。》
【心臓・肺・肝臓・腎(じん)臓・膵(すい)臓・小腸・眼球】

〔特記欄：　　　　　　〕　《自筆署名》
　　　　　　　　　　　　《署名年月日》　　年　　月　　日

献 血

　少子高齢化の進行により血液の需要が増加する一方、若者の献血協力者が減少し、必要とされる血液が今後不足することが予想されています。
　血液は人工的に造ることができないため、輸血に必要な血液を安定的に確保するためには、絶えず多くの方からの献血への協力が必要です。
　献血は、全国の献血ルーム又は献血バスにて実施しています。

クロスアディクション

　図の円が重なった部分があるように、見かけ上は異なる二つ以上の依存症を同時に発症することをいう。一つの依存を抑制したために、新たな別の対象に依存し始める場合もある。
　例えば、アルコールを断っていたら、イライラしてパチンコに通うようになってしまったなどである。

パブリックコメント

　通称「パブコメ」。行政機関が規制の設定や改廃をするとき、原案を公表し、国民の意見を求め、それを考慮して決定する制度。1999年（平成11年）から全省庁に適用された。

第5章　明るい人生プラン　充実した生活を築くための知識

第4 生活秩序の確立

長い人生において、人間誰しも願うことは、豊かで安定した生活を送りたいということではないでしょうか。

そのためには、将来へのライフデザインを考え、夢と目標を盛り込んだ長期の生活設計を立て、その設計に沿って毎日の暮らしを営むという計画的な生活態度が必要となります。

1 健全な生活設計

1 健全な生活設計は、なぜ必要か

我々警察職員は、一般的な水準の生活ができる程度の待遇を受けているはずです。

これは、つつましくしていれば一般的な水準の生活は可能だが、ぜいたくは許されないということでもあり、警察職員の経済生活の上限と下限を示しているといえます。

収入にふさわしい生活設計と貯蓄は社会通念であり、私生活の基盤なのです。

2 調和のとれた生活とは

「隣の芝生は青い」「よその庭のバラは赤い」などの例えにもあるとおり、私たちは他人の生活レベルをせん望しがちです。

行き過ぎた商業主義が人間の欲望を刺激して、とどまるところを知らず、かきたてられた欲望を、てっとり早く満たすため、無計画に家具、装飾品、車、住宅等をローンで購入し、その返済に窮した挙げ句、サラ金に手を出し、不祥事の坂道を急速に転落していく人がいますが、これこそ無理な背伸びをした結果にほかならないでしょう。

生活は、あくまでも、許される限度で堅実に築いていくべきものであり、欲望のコントロールこそ、調和のとれた生活の基本といえるのではないでしょうか。

3 借金癖を身に付けないこと

　ローン販売、クレジット制度、銀行ローンからサラ金に至るまで、いろいろな形で、手軽に借金ができてしまう今日では、「借金は返済を伴うもの」という認識が薄れがちです。その結果、借金癖を身に付けてしまい、一度借金をすると、更にこれを返済するために借金をするという悪循環に陥ることがあります。

　しかし、もし、どうしても借金をしなければならないような事情が起きたときは、私たちの組織の福利厚生事業や共済組合からの資金の借受けを検討しましょう。

　ある県の生活資金等の貸付（警察共済組合）の種類を表にしましたので、参考にしてください。

貸付総限度額

組合員期間	貸付総限度額
5年以下	給料月額×12
6年以上10年以下	給料月額×36
11年以上	給料月額×75

警察共済組合貸付種別表

（令和5年12月現在）

貸付の種類	貸付事由	貸付限度額（万円）	弁済期間	貸付利率（％）
住宅貸付	住宅及び住宅用地を取得（増改築、保全、賃借を含む）する場合　共済組合以外から借り入れた住宅ローンを借換えする場合	貸付総限度額　借換えについては、貸付総限度額以内で住宅ローンの残高の範囲内	30年以内	1.68
介護住宅貸付　介護住宅貸付（災害適用）	介護設備（介護構造）の整備された住宅を購入する場合　既存の住宅に新たに介護設備（介護構造）を整備する場合	300	30年以内	1.58　1.54（災害適用）
医療介護・教育	医療、介護、教育に資金を要する場合	貸付総限度額	30年以内	1.58
特別住宅	組合員期間20年以上で、7年以内に退職を予定する者が住宅又は住宅用地を取得する場合	500	退職金から一括弁済　在職中は給料日に利息のみ支払	1.68
災害住宅	水震火災等の被害に遭った住宅を復旧するために資金を必要とする場合	1,800	30年以内	1.54
一般貸付（普通）	物品購入、冠婚葬祭、入校、人事異動等に伴い資金を必要とする場合	300	30年以内	1.68

第5章　明るい人生プラン　充実した生活を築くための知識

一般貸付 (特別枠・自動車)	自動車の取得 自動車ローンの返済(借換え)	300	30年以内	1.68
一般貸付 (特別枠・債務返済)	共済組合以外から借り入れた資金の返済のために資金を要する場合	貸付総限度額 (最高300)	30年以内	1.68
一般貸付 (特別枠・海外赴任)	海外赴任の準備のために資金を要する場合	300	2年	1.68
災害貸付	水震火災、盗難等による損害を復旧するために資金を必要とする場合	200	30年以内	1.54
高額医療貸付	高額療養費の給付が見込まれる医療に資金を要する場合	高額療養費相当額	高額療養費が支給されるとき	無利息
出産貸付	出産費又は家族出産費の支給対象となる出産の支払いに資金を要する場合	出産費又は家族出産費相当額	出産費又は家族出産費が支給されるとき	無利息

(注) 貸付利率は、財政融資資金利率に基づく変動利率です。
　　 高額医療貸付と出産貸付を除き、組合員期間が1年未満の方は貸付けを受けることができません。

2　貯　蓄

　勤労の報酬として所得がありますが、その所得のうちどれほどを消費するか、貯蓄するかという分析は、家庭の運営を行うためにとても大切なことです。

　そのための手段として、家計簿をつけるというのも一つの方法です。

　家計簿は所帯を持っている、いないにかかわらず毎日つけることで金銭の取扱いを慎重にさせ、無駄な出費を反省させます。したがって、生活にけじめをつけるためにも、家計簿は大変役に立ちます。

　家計簿は計画的な生活をするための基礎となるためのものですから、まず家計簿を正しくつける習慣をつけ、自分の生活に必要な最小限度の経費はどのくらいなのかを知ることです。

1　貯蓄心を養う

　生活するための最小限度の経費とは、住居費(家賃、寮費等)、光熱・水道費、食費、保健衛生費、交通費等ですが、これらの経費は給料の中からあらかじめ必要額を確保しておきます。

　そして、この経費を差し引いた残額から、将来への備えとして貯蓄する額

を決めます。こうして最後に残った金額が、教養・娯楽費、交際費等、自分の個性を生かしたものに費やすことのできる額なのです。

ここに、ある県の給与、期末手当等の支給状況を表にしました。参考にして、あなたの生活設計をしてみてください。

給与支給の推移

(令和6年4月ある県の例)

	採用1年後		採用6年後		備　考
	高　卒	大　卒	高　卒	大　卒	
本　　給	213,400	242,300	257,800	275,000	

(注) 本給のほかに諸手当が支給される。　　　　　　　　　　　(単位　円)

期末勤勉手当支給状況表

(令和6年4月ある県の例)

期　　別	採用1年後		採用6年後		備　考
	高　卒	大　卒	高　卒	大　卒	
期末勤勉（6月）	488,310	554,442	589,908	629,267	2.250か月
期末勤勉（12月）	同　上	同　上	同　上	同　上	2.250か月
合　　計	976,620	1,108,884	1,179,816	1,258,534	4.500か月

(注) 本表は、1年間給料、支給率に変動がないものとして算出　　(単位　円)

2　貯蓄の目的

貯蓄の目的は、人それぞれで異なるでしょうが、主に、

- 結婚資金
- 住宅建築資金
- 土地購入資金
- 退職後の資金
- 車の購入資金
- 海外旅行、レジャー資金

などが挙げられます。

また、現在は何不自由なく暮らしている人でも、いつどのような病気や災害に遭うかは分かりません。

計画的な貯蓄により安心して生活できるように、普段からの準備が必要です。

3 貯蓄の方法

いくら貯蓄が必要だからといって、必要な支出を切り詰めてまで貯蓄するというのは正しくありません。生活に見合った範囲で無理のない貯蓄をしましょう。

それには目標をしっかりと定めて、浪費を省き、計画的に貯蓄していくことが大切です。例えば、給料からの天引きによる貯蓄は、月々一定の額が引かれるわけで、自然に貯蓄ができるよい方法です。最初のうちはつらく感じますが、簡単に習慣化します。ただし、あまり天引きしすぎて後の生活ができないようでは困りますので、計画的に行いましょう。

月々の貯蓄額は、個人差があると思いますが、独身者で、毎月手取りの4分の1から5分の1ぐらいが適当です。しかし、貯蓄も度を超すと、守銭奴的になり友人をなくすことにもなりかねません。何ごとも「過ぎたるは及ばざるがごとし」です。

4 貯蓄の種類

貯蓄には、一般財形貯蓄をはじめ、銀行、証券会社等様々な商品が出回っています。それぞれ期間や用途・目的により一長一短がありますが、中でも一般財形貯蓄は、勤労者財産形成促進法に基づき給与から天引きして積み立てることができます。

One Action　一般財形貯蓄の手続

財形貯蓄を取り扱う金融機関へ申し込むことにより、毎月の給料から差し引かれ、自動的に積み立てられます。預入れは1,000円単位で、毎月の給料支給額以内であれば幾らでもよく、積立金の一部払出しや、積立の中断・復活もできます。申込手続は、2～3月中に金融機関と契約の上、各所属の庶務（警務）係まで申し出てください（県により異なることもあります。）。

5　私的年金加入のすすめ

　公的年金の先行きが厳しい現在、一般的貯蓄のほかに、在職中に私的年金に加入積立をし、退職後に備えることが大切です。警生協の財形年金とそれを補完する警生協年金「ゆとり」があり、毎月給与天引きで積み立て、退職後に年金受給できるものです。申込みは年に一度です。

3　カード利用の問題点

　カードは現在、生活と切り離せないものとなっています。
　カードの中でも注意が必要なのが、クレジットカードとカードローンです。手軽に利用できることから知らず知らずのうちに使いすぎて、返済が滞ったり、中には自己破産してしまう人もいます。

1　クレジットカード

　銀行と商店が提携して行う信販制度のことです。商品はカードで買い、その代金はあらかじめ指定した口座から月々返済するものですが、カードを使いすぎて返済不能にならないように注意しましょう。

　また、遺失・盗難に遭ったときはすぐに届出が必要です。

2　カードローン

　CD（現金自動引出機）を利用して、いつでも自由にあらかじめ決められた融資限度額まで借りられる、無担保、無保証の個人ローンのことです。
　利用限度額は、カードにより異なりますが最高300万円程度までで、それを超えない限り、何回でも借りられます。返済は普通預金に振り込めば、自動的に返済されます。

3　カードの適正な利用

　現金なしで買物ができる、あるいは自由にお金が借りられることから、つい返済を考えずに借りてしまいがちです。

　そもそも自己資金以上の買物をしなければ、後で困るようなことはありません。自分の貯蓄や、収入に見合った使い方をしましょう。

　また、一般の消費者金融を利用すると銀行や信販系会社よりかなり高利です。その分、何の証明も必要なく、割と気軽に借りられるのですが、利息は雪だるま式に増えていきます。特に十分な注意が必要です。

One Action　**携帯電話端末の分割払いはクレジット契約と同じ！**

　現在、携帯電話会社でスマートフォンを中心に行われている「端末の分割払い」と呼ばれるサービスは、通話又は通信料金に上乗せした端末料金を毎月少しずつ支払います。これは、クレジット契約と変わらず、支払いが遅れると指定信用情報機関に信用情報として登録されます。その結果、新たなクレジットカードや将来の住宅ローン等の契約に影響し、一定の期間、審査が通らなくなる場合があります。

　「携帯端末の分割払い」はクレジット契約であるという認識がないと、「支払いが遅れてもかまわない」という意識をもってしまいがちです。携帯端末の支払いがどのような方法になっているか、しっかりと確認し、クレジット契約の場合は、自覚と責任をもって支払いましょう。

第6章 冠婚葬祭のマナー

第1 冠婚葬祭の種類

　冠婚葬祭とは、本来古代の四大礼式(元服、婚礼、葬儀、祖先の祭礼)を意味していますが、時代の変化に応じて考え方、形式ともに変化してきたといわれています。現代における冠婚葬祭の『冠』とは人生の喜ばしい祝いごと(出生、成人、入学、就職、栄転、受賞、長寿の祝)、『婚』とは結婚の祝い(見合い、結納、結婚式)、『葬』とは葬儀、告別式、一周忌、三回忌等のこと、『祭』とは季節の行事(年始、ひな祭、5月の節句、中元、お盆、クリスマス、歳暮)等一生の間の儀式のこととされています。

慶　事		弔　事	
結婚　出産　誕生　入学　卒業		通夜　葬儀　告別式　初盆	
就職　栄転　受賞　など		回忌　法要　など	

　警察関係の慶弔行事には、新庁舎落成式、永年勤続表彰、優秀(優良)警察職員表彰、退職者表彰・慰労会、警察葬、職員の冠婚葬祭等があります。

第2 慶事

1 祝賀行事

　祝賀行事の招待を受けたら指定日までに出欠の返事を忘れずに出しましょう。
　出席が決まったら、御祝儀を贈る準備をします。お祝い金は当日、お祝い品はそれより前の大安吉日の午前中に届けるのがよいでしょう。やむを得ず代理人が出席する場合は、受付で招待状と一緒に「〇〇代理人」と書いた自分の名刺を差し出して受付をします。

2 記念品の選び方

- 行事の趣、趣旨に合うもの
- 記念品の意味に合うもの
- 個性的なものより印象的なもの
- 大きさや重さに注意したもの

　例えば、時計、飾り皿、置き物、額、壁掛け、コーヒーカップ、湯飲み茶碗等があります。

3 受賞

　勲章（文化勲章、大勲位菊花賞、瑞宝章、旭日章、宝冠章）、褒章（藍綬、紅綬、緑綬、黄綬、紫綬、紺綬褒章）のほかに、警察における永年勤続表彰、優秀（優良）警察職員表彰があります。また、事件検挙、解決等による警察庁長官表彰など部署、又は個人の受賞もあります。
　これらの受賞に対しては、祝宴を催すこともありますが、祝電、お祝品等の贈答がよいでしょう。

4 賀寿

　長寿をお祝いすることを賀寿といいます。

還暦（60歳）、古希（70歳）、喜寿（77歳）、傘寿（80歳）、米寿（88歳）、卒寿（90歳）、白寿（99歳）があります。

長寿を祝う縁起の良い品を選んで贈るのがよいでしょう。祝宴の招待があったら出席して祝うのが礼儀です。

5　結納

これから結婚される方も多いと思いますが、婚約に先だって、取り交わされるのが結納です。

地方によって違いはありますが、めでたい意味をもつ酒肴と、結納金を婿方が嫁方に贈り、嫁方では婿方に若干の品物や結納金の何割かを贈るという習慣が残っています。最近は男性から婚約指輪などを贈り、これをもって婚約とする例もかなり多いようです。

> **結納の法律的性格**
> 何らかの事情によりその婚約を解消したときは、原則として、結納金は相手方に返さなければならない（判例）とされています。ただし、双方の合意に基づかない一方的な破棄等の場合は、例外として返す必要はないと思われます。

6　結婚

親戚・知人等の結婚に際し、招待状をいただいたときは、必ず出席するようにします。もし、どうしても出席できない場合は、早めに事情を説明し了承を得るとともに、挙式の1週間前までにお祝いの贈り物（お祝い金、お祝い品）を届けるようにします。贈り物の数は、奇数の3、5、7（割り切れない）か末広がりの8が喜ばれます。

第6章　冠婚葬祭のマナー

また、結婚式当日の受付を依頼されたときには、快く引き受けるようにしましょう。
　慶事のときの男性、女性の服装は、それぞれ次のとおりです。

慶事の服装

		和　　装	洋　装（昼）	洋　装（夜）
両親・仲人	男性	黒羽二重五つ紋付きの羽織袴	モーニングコート	タキシード
両親・仲人	女性	黒留め袖	落ちついた色合いで上品なデザインのアフタヌーンドレス	改まった雰囲気で上品な華やかさも備えたイブニングドレス
招待客	男性	無地 お召し	ブラックスーツ 紺や濃いグレーのダークスーツ（昼夜兼用）	ブラックスーツ 紺や濃いグレーのダークスーツ（昼夜兼用）
招待客	女性	黒留め袖（既婚）・色留め袖（既婚） 大（中）振り袖（未婚） 訪問着、色無地、つけ下げ	肌を露出しないデザインで、ドレッシーな雰囲気のスーツかセミアフタヌーンドレス	セミイブニングドレス カクテルドレス

（昼と夜の区別は午後6時を基準とする。）

One Action　ハンカチの入れ方

スーツ上衣の胸ポケットは、本来ハンカチを入れておくものです。
　胸ポケット用ハンカチは、手拭き用に比べ小さめのもので、シルク、サテンなど装飾的な生地が多く、ネクタイやワイシャツと調和のとれたものがよいとされています。
　また、このハンカチは、あくまで飾りのもので、手拭きには使わないのがマナーです。

パフドスタイル

　全体にふっくらとふくらませた形。
ツイードやコーデュロイなどのジャケットからビジネススーツまで広範囲に用いられます。

パフドスタイル

クラッシュドスタイル

　くしゃくしゃと無造作に突っこんだ形。三角の山が不ぞろいなのでラフな雰囲気があります。

クラッシュドスタイル

TVホールド

　アメリカのテレビ普及時代に流行した形。ポケット口に平行にさし、1.5センチ程度のぞかせます。

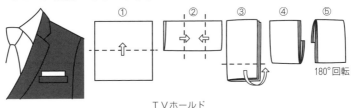

TVホールド

ツーピークス・スリーピーススタイル

二つ又は三つの三角形。
モーニングなどのフォーマルウェアに用いられています。

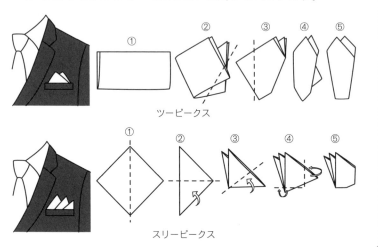

スピーチのマナー

華やかな結婚披露宴でのスピーチにおいて、親友だったら、新郎・新婦にまつわるエピソードには事欠かないでしょう。ただし、品位を損なうような暴露ものは控えましょう。

以下は、……に、結びにふさわしいエピソードが入るという前提でのスピーチ例です。

＜例1＞　私は大学時代、新郎と同じ陸上競技部で苦楽を共にした者です。……今日、結婚という長距離レースのスタートについた△△君が、持ち前のファイティング・スピリットで、末永く、幸福な御家庭を築かれることを私は固く信じております。

＜例2＞　私は〇子さんとは入社のときからずっと職場が一緒でした。……こんな明るい〇子さんと、すてきな旦那様との御家庭は、毎日毎日がどんなに楽しいことでしょう。そう思うと、もう、うれしくてうれしくて……。〇子さん、△△さん、どうぞいつまでもお幸せに。

どんな場合でも、テーブルスピーチが長いのは座を白けさせるものです。特に、結婚披露宴でのスピーチは、短く、明るく、心を込めて行いましょう。

> **注意** 結婚披露宴での禁句（忌み言葉）
> - 夫婦の離別につながる言葉
>   別れる・切れる・去る・破れる・終わる・終える・帰る・最後・戻る
> - 夫婦仲の疎遠につながる言葉
>   冷える・冷める・色あせる・飽きる
> - 不吉な言葉
>   死ぬ・亡くなる

フェーズ

段階。局面。変化・発達する物事の局面のこと。

第3 弔事

弔事には、突然の場合が多く、タイミングを外さず礼儀にかなった正しい対応が必要です。日頃から、新聞の弔事欄に注意して知らせがなくても対処できるようにしておきましょう。もし、死亡連絡を受けた場合は、落ち着いて次の事項を聞き取り、上司に報告して必要な指示を受けるようにします。

- 亡くなった方の氏名
- 逝去の日時と死因
- 通夜の場所と時刻
- 葬儀の形式やその場所と時間
- 喪主の氏名、住所、電話番号

また、葬儀・通夜に急に出席することになったときのために、以下のものは揃えておきましょう。

- 数珠、ふくさ
- 喪服（後記②4「弔事の服装」参照）
- 黒のネクタイ（男性、ネクタイピンで留めない）
- パールネックレス（女性、あればでよい。一連のもの（二連、三連は「不幸が重なる」という意味で不可））

One Action　おくやみ電報の文例

- 御逝去を悼み、謹んでお悔やみ申し上げます。
- 御尊父様の御逝去を悼み、謹んでお悔やみ申し上げます。
- 御母堂様の御逝去を悼み、謹んでお悔やみ申し上げます。
- 在りし日のお姿を偲び、心から御冥福をお祈り申し上げます。
- 御生前の御功績を偲び、心から御冥福をお祈り申し上げます。
- 御逝去を悼み、謹んでお悔やみ申し上げますとともに、心から御冥福をお祈りいたします。

1 通夜

　通夜に出席するかどうかは、故人との親しさの程度によります。通夜は近親者との最後の別れをするための一夜となりますが、それ以外は、焼香をすませたら30分から60分ほどで立ち去るような配慮が大切です（服装は地味な服装でよい。）。

2 葬儀・告別式

　　葬　　儀……遺族、近親者、ごく親しい人々だけで行われます。
　　告　別　式……一般の会葬者が故人との最後のお別れを告げる儀式です。

1　焼香の仕方（仏式）

　数珠は、108個を基本として作られています。男性用と女性用があり、材質も異なっています。合掌のときは両手親指と人差指の間にかけます。焼香のときや持ち歩くときは左手で持つことになっています。

（注）　宗派により異なります。

①　まず、喪主や御親族の方々にお悔やみの気持ちを込めて一礼します。

②　数珠を両手にかけ、位牌、写真を注視してから合掌します。

③　静かに右手を数珠から抜いて、人差指、中指、親指の3本の指で香をつまみます。

④　額の高さに香をいただきます。

⑤　静かに香炉にくべます。

⑥　再び右手を数珠の中に差し入れ、位牌、写真を注視して合掌します。

⑦　合掌が済んだらそのまま3歩下がり、左右に一礼してから向きをかえ、指示方向に従って戻ります。

2　玉串拝礼の仕方（神式）

　神式では、玉串奉奠（たまぐしほうてん）の後、二礼、二拍手（しのび手、音を立てない拍手）、一礼で拝礼します。

①　神職から玉串を受け取り、右手を上から、左手を下から胸の高さで左高に持ち、神前に進みます。

②

② 軽く一礼し、右回りに90度回します。

③

③ 左手を右手に重ね、祈念を込めます。

④

④ 右手を離し、左手で右に回し根元を神前に向けながら

⑤

⑤ 右手で玉串の中ほどを下から取ります。

⑥

⑥ 右手に左手を添えて案（机）上に置き二礼二拍手一礼をします。

3 献花の仕方(キリスト教式)

キリスト教式では、献花の後、黙とう、合掌で拝礼します。

① 右手は掌を上にして花を受けるように、左手は茎を上から

② 右回りに回して花を手許に

③ 左掌が上向きになるように持ちかえ

④ 献花台にささげます。

4　弔事の服装

	男性の喪服	女性の喪服
正式喪服	黒のモーニング 黒羽二重五つ紋付きの羽織袴 （黒足袋）	黒無地のワンピース、スーツ又はアンサンブル 黒無地染め抜き五つ紋付きの着物に黒の帯（羽織は着用しない）
準喪服	ブラックスーツ	濃い紫・濃紺のアフタヌーンドレスでもよい。 紫・藤色・水色の無地紋付き
略式喪服	ダークスーツ	無地のスーツ、ワンピース 地味な小紋やお召しに黒の紋付きの羽織を着用する。

洋装略式喪服

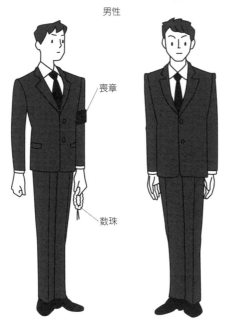
男性

女性

- ダークスーツに黒のネクタイ、黒靴
- 遺族の場合は、葬儀、告別式の席では左腕に喪章

- スーツ、ワンピースで濃紺など、黒っぽい無地にする。
- バッグ、靴はシンプルな黒に統一する。

3　法要

仏式、神式では、日を決めて法要を行い故人の冥福を祈る式として法事とも呼ばれています。

仏　　　式……初七日（7日目）→7日ごとに法要を行います。

忌明け（49日目）→遺族、親族が家にこもって身を慎む服喪の期間でもあります（年賀は、例外的に1年間は遠慮するのが普通です。結婚祝や祝いごと、神社参拝をしません。）。

1周忌（1年後）、3回忌（満2年目）、7回忌、13回忌、17回忌、23回忌、27回忌、33回忌、50回忌（13回忌以降は変わることもあります。）

神　　　式……10日祭（葬儀の翌日に翌日祭をした後は10日祭となります。）

50日祭（仏式の忌明けに当たります。）

100日祭（以降1年、3年、5年、10年、20年、30年、40年、50年、100年目に祭りを行います。）

キリスト教式……旧教（カトリック）→前夜祭（通夜）、告別式のあと3日、7日、30日目、1年ごとに追悼ミサを行います。

新教（プロテスタント）→前夜祭（通夜）、告別式のあと1月目（召天記念日）、1年目ごとに記念式が行われます。

1　家族が亡くなったら

近親者へ知らせるときは、亡くなった方の姓名・死亡時刻をはっきり伝えます。

また、葬儀の日取りや時間は、参列者の到着時間や死亡通知の届く時間を十分考慮して決めます。

喪主はなるべく早く決めること。今は故人と血のつながりの一番深い人がなることが多く、夫が亡くなれば妻が喪主になります。

葬儀は、町内会など地縁の付き合いで取り仕切ってくれる地方もありますが、都会では葬儀社に依頼すれば、一切の手配をしてくれます。僧侶への謝礼や手伝いの人への心付け、難しい葬儀の仕切りも教えてくれます。

葬儀社を選ぶときは、葬祭業協同組合や互助会などに加盟した近くの店が無難ですが、所在が分からないときは、市区町村の民生係に相談すれば、指定店を紹介してくれます。予算をはっきり伝え、それでどのような内訳の葬儀が行われるか、別途会計になるものは何かを葬儀社と十分打ち合わせます。

　家の内外は整理し、額や生け花などの飾りを取りますが、簡単に外せないものは半紙などを張っておきます。忌中の表示をし、弔問客のために要所、要所に道案内を張り出します。

　葬儀をスムーズに運ぶために、経験深い方に世話役の代表となっていただき、その指揮のもとに会計係・受付係・台所係を決め、その後も葬儀のこと一切は世話役に任せます。会計係には当座必要な現金を渡しておく心遣いを忘れないことです。

　人手がなければ茶菓の接待はしなくてもよいのです。通夜のふるまいは精進料理と限らなくなりましたが、簡略化の傾向があります。

2　お悔やみの言葉

　2年前に祖父を亡くし、今祖母を亡くした人へのお悔やみの言葉です。
　①　重ね重ねの御不幸、心からお悔やみ申し上げます。
　②　薬石効なく、返す返す残念でございます。
　③　悲しいことは早くお忘れなさいますよう……。

　三つともいけません。たとえ事実であっても、不幸の場合に「重ね重ね」「返す返す」「度々」「再三」など、不幸が重なるような言い方は避けましょう。③も心情としては分かりますが、悲しみに沈んでいる人に忘れなさいというのは非情というものです。

　人は悲しみの極みには言葉を失います。お悔やみは、言葉の足りないことを恐れるよりも、冗舌や美辞麗句は慎むべきです。次のような言葉を悲しみ悼む心をこめて、申し述べましょう。

　④　このたびは突然の（又は、思いがけない・とんだ）ことで、誠に御愁傷に存じます。（又は、御愁傷さまでございます。）
　⑤　さぞお力落としでございましょう。心からお悔やみ申し上げます。
　⑥　お知らせをいただいて驚きました。お見舞いに伺ったばかりでしたのに……。
　⑦　いつまでもお元気でお教えをいただきとうございましたのに……。

　長寿を全うした故人の場合でも、⑦のように言うべきで、「お年に不足はなく」などは禁句です。

第4 贈 答

贈答の準備をするときは、目的、相手との関係、相手の立場、そして予算を考えて準備しましょう。

　表　書　き……慶事の表書きは濃い墨で書き、弔事の場合は薄い墨で書くようにします。金封の中に入れる現金は、慶事のみ新札を用意します。

1　表書きの用語

金封の表書き

	表書きの用語	適　用　例
慶事	御祝	結婚・結婚記念日・出産・新築・開店（業）・入選・入賞・受賞・当選・栄転など
	寿	結婚・結婚記念日・出産・賀寿などと、そのお返し
	内祝 寸志（目上の人には使わない）	慶事・新築・受賞などの当人からの配り物、又はそのお返し
見舞い	御見舞	病気見舞、災害見舞
	内祝・快気祝	お返し
弔事	御仏前・御香典・御香料・御供物料・御霊前	仏式の葬式・法要
	御神前・御玉串料・御榊料・御霊前	神式の葬式・霊祭
	御花料・御花輪料・御霊前	キリスト教式の葬儀・追悼会・記念式
	仏教……忌明 共通……志	お返し
贈答へのお礼	御布施 神饌料 御礼・志	仏教 神道 共通
その他	御餞別、薄謝、御礼、寸志、贈呈	

2　水引の結び方と表書き

　水引の結び方は、慶弔の種類によって異なるので、一般常識として覚えておく必要があります。本物の水引で結ぶのが正式ですが、既に出来上がった水引や印刷されたものも多くあるので業務上、慶弔関係のものは用意しておいた方が便利です。

固結び
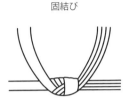
結び目は白が上になるように結ぶ。
二度と繰り返してほしくないという意味が込められている。
（用途）お見舞い　快気祝い　香典　など

鮑結び

いつまでも良きお付き合いをという意味が込められている。
（用途）結婚祝い　香典　など

蝶結び
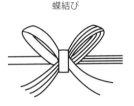
結び目は白が上になるように結ぶ。
水引の先は蝶の長さの1.5倍に切り揃える。
何度も繰り返してほしいという意味が込められている。
（用途）御礼、ご挨拶等の贈答

1　結び切り・蝶結び

　結び輪のない結び方で、結婚や慶弔全般に使われます。二度と繰り返しのないようにという意味です。

　婚礼用としては、鶴・亀・松竹梅を形にした飾り水引も多くなってきました。また、紅白や金銀のほかに、パール系統の華やかな水引も金封袋をひきたてています。

　蝶結びは、結婚を除く慶事全般に使われます。

2　表　書　き

　上段中央に「御祝」や「粗品」などの文字を、下段中央に贈り主の姓名、所属名を書きます。同姓同名の場合もあるので、包みの裏に自宅住所又は職場住所を書いておくと、受け取った側の事務処理上とても便利です。現金の金額は、内袋に書くか、又は包みの裏に明示するのが礼儀にかなっています。

所属名や個人名は中央下部

名刺を貼るときはやや左寄りに貼ります。

連名のときは右側の人を目上にして署名します。

左肩に宛名を書いたときは左側の人を目上にして署名します。

4人以上になるときは、「他一同」「総務課有志」と記入して、内袋に全員の名前を書いておくようにします。

3 現金の包み方

現金は、半紙で中包みにして、奉書紙に上包みにするのが正式な包み方です。

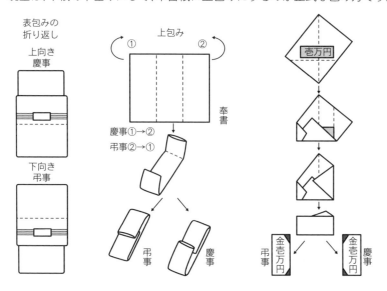

3　ふくさ

　ふくさは、贈り物の上にかけたり包んで持参するときに使うものです。掛けふくさ、包みふくさは、絹やちりめんで作られ、家紋を染めつけたりします。掛けふくさは、相手に渡す前に取りますが、包みふくさは、包んだまま渡す場合もあります。

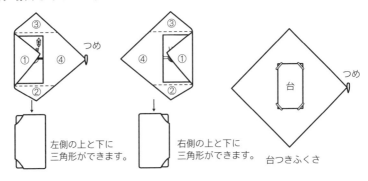

4　贈り物

1　贈り物に添える言葉

- **結婚祝い**
  どんな表現で喜びを表してもよいですが、〈割れる〉〈裂ける〉〈終わる〉などの忌み言葉は避けます。
- **出産祝い**
  祖父母へは孫の誕生を祝う言葉を述べ、母親には大役を果たしたことを祝福する言葉を忘れないように。正直すぎる赤ちゃん批評は避けましょう。
- **入学祝い**
  「学校は幼稚園と違って厳しいから」といった先入観を与える手紙や言葉は慎みます。二次志望の学校に入ったときは、さりげなくお祝いの言葉を述べるだけにします。

- **就職祝い**
  就職を祝う言葉とともに、自分の体験から一言でよいから職場でのアドバイスをつけ加えてあげます。
- **誕生祝い**
  幼児なら「○○ちゃんお誕生日おめでとう。もう4歳だから一人で洋服が着られますね」など、努力目標、又は達成した際に喜びのある言葉を添えます。高齢者には長寿と健康をたたえる言葉を忘れないようにします。
- **病気見舞い**
  長い闘病でブランクができた友人・同僚に他人の栄進を告げたり病気についての悪いニュースを告げるのは禁物。美しいカードにさりげない励ましの言葉を添える心配りをしましょう。
- **全快祝い**（快気祝い）
  「病気中はお世話になりました」「お見舞いありがとうございました」などの言葉を添えます。
- **年 賀**
  「旧年中は大変お世話になり、ありがとうございました」「今年もどうぞよろしくお願いいたします」など、ありきたりですがほしい言葉です。

2 四角い箱の包み方

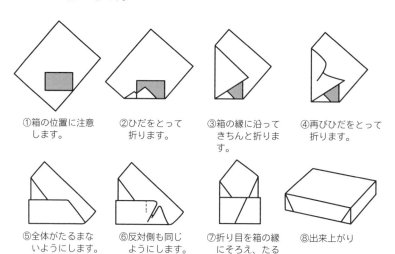

3　丸いものの包み方

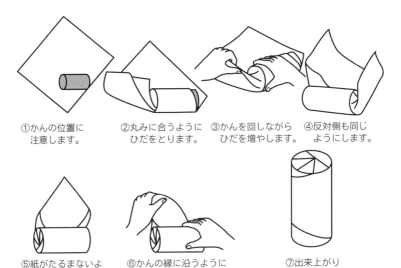

①かんの位置に注意します。
②丸みに合うようにひだをとります。
③かんを回しながらひだを増やします。
④反対側も同じようにします。
⑤紙がたるまないように気をつけます。
⑥かんの縁に沿うように折り目をそろえます。
⑦出来上がり

4　主な贈り物・お返し一覧

		贈り物	お返し
結婚祝い	品　物	家庭用品・商品券・現金など。人によっては壊れ物は避けます。	紅白の砂糖、かつお節、親しい方には新婚旅行のおみやげなど
	包　装	紅白の奉書、又は糊入れ紙2枚で包みます。水引は、金銀・紅白・金赤のいずれかの組み合わせで結び切り	奉書か糊入れ紙で包み、紅白2本の水引を結び切り
	表書き	御祝　寿	内祝
	時　期	式当日は極力避けたいものです。1週間ぐらい前までの吉日に届けます。	挙式後10〜14日以内
出産祝い	品　物	アルバム・育児日記・入浴用品・体重計・花束など。母親用の品物もよい	赤飯・鶴の子餅・かつお節・紅白の砂糖など
	包　装	糊入れ紙か熨斗紙で包み、紅白1本の水引で蝶結び	熨斗紙で包み、紅白1本の水引を蝶結びに
	表書き	御祝	内祝
	時　期	出産を知ってから2〜3週間以内	出産後1か月以内

第6章　冠婚葬祭のマナー

入学祝い	品物	万年筆・時計・図書券など。小学校入学の場合は、ランドセル・筆箱など	不要 先方の子が入学する際にお祝いの品を贈ります。 礼状は出しておきます。
	包装	熨斗紙で包む。水引はなくともよい	
	表書き	御祝	
	時期	入学式前2～3週間以内	
就職祝い	品物	ネクタイ・ワイシャツ・ブラウス・ハンカチ・化粧品など	不要 初月給又はボーナス時に、〈御礼〉〈御挨拶〉としてお返しをしてもよいです。 礼状は出しておきます。
	包装	熨斗紙で包む。水引はなくともよい	
	表書き	御祝	
	時期	就職内定後1～2週間以内	
誕生祝い	品物	各種アクセサリー・化粧品・ネクタイ・ネクタイピン・皮まきウイスキーボトル・手作りの品など	不要 先方の誕生日にプレゼントをします。
	包装	美しい包装紙にリボンをかけるなど、アイデアをこらす	
	表書き	書かなくてよい	
	時期	当日	
長寿の祝い	品物	赤いちゃんちゃんこ、赤い帽子、赤いセーター（以上還暦）、寿と書いた座布団、扇・和服・盆栽・膝掛けなど	ふくさ・漆器類、本人の書いた短冊、紅白のもちなど
	包装	奉書か糊入れ紙で包み、紅白1本の水引で蝶結び	奉書か糊入れ紙で包み、紅白の水引で蝶結び
	表書き	御祝　寿	内祝
	時期	祝宴の開かれる日の前日までに	本人の誕生日
年賀	品物	みかん・つくだ煮・のりなど	不要 子供には、祝儀袋に入れたお年玉を渡します。
	包装	熨斗紙で包み、紅白1本の水引で蝶結び。水引は使わなくてもよい	
	表書き	御年賀	
	時期	1月2日から7日まで。場合によっては15日まではよい	

中元・歳暮	品　物	調味料・ビール券・ハム・さけ・せっけん・みかんなど	原則として不要 礼状は出します。お返しをするときはできるだけ早い方がよいです。	
	包　装	美しい包装紙か熨斗紙。水引はなくてもよい		
	表書き	御中元・御歳暮		
	時　期	中元は6月中旬〜7月13日までに。それ以後は〈暑中御見舞〉とします。歳暮は12月上旬から25日までに。発送が遅れたときは到着日を考えて〈御年賀〉にします。		
初節句	品　物	武者人形・鯉のぼり・武具飾り・ショウブの花（以上男児）、内裏雛・雛菓子・モモの花・各種人形（以上女児）など	先方の子の初節句にお祝いをします。目上の方には礼状を出し、一般にはお返しをします。 柏餅・粽（男児）、菱餅・ちらしずし（女児）	
	包　装	紅白の水引で蝶結び。リボンを使ってもよい	自由に	
	表書き	御祝	御礼	
	時　期	5月5日、3月3日の1週間ぐらい前までに	節句前後	

ルーチン

一定の手順に基づきパターン化された仕事、又は効率良く利益を上げるために定型化された日常業務。スポーツ選手が競技前等に毎回同じように行う一連の動作についても使われる。

第7章 国旗掲揚のマナーと知識

1　国旗と国歌の歴史

　白地に太陽を象徴した赤丸を入れた「日の丸」は、別名「日章旗」とも呼ばれています。その起源は、神話や伝説につながるほど古いといわれていますが、いつ、どのような形で発生してきたかは、明らかではありません。「日の丸」を国の代表的な旗として用いるようになったのは、徳川幕府が外国から国交を求められるようになった幕末の頃からです。アメリカ合衆国を訪問した咸臨丸には、「日の丸」が掲げられていました。

　現在日本の国歌とされている「君が代」は、古今集の初句に「君が代は」とした歌があり、宮内省の林広守が雅楽風に作曲したものを、明治26年小学校における祝祭日の儀式用唱歌として公布されたものです。以後長年対外関係において国歌としてきた歴史的事実があり、平成元年3月文部省告示第24号から第26号で、小・中学校並びに高等学校での入学式や卒業式などにおいては、国旗を掲揚し、国歌を斉唱するよう指導しております。

　国旗と国歌についての法的根拠がはっきりしていなかったため、議論のあったところですが、平成11年8月13日に「国旗及び国歌に関する法律」が公布され、この問題は解決しました。

2　日の丸の大きさ

　江戸幕府の末期に鎖国が廃止され、開国してから、日本船の標識が必要になり、嘉永7（1854）年に日の丸を日本国総船印に制定しました。明治になってこれを受け継ぎ、明治3年1月27日付太政官布告第57号の郵船商船規則で、日の丸を国旗に制定しました。その後、平成11年8月13日法律第127号「国旗及び国歌に関する法律」が公布され、「国旗は、日章旗とする。」（同法第1条）と定められました。

　この法律で、日章旗の制式は
　　1　寸法の割合及び日章の位置
　　　　縦　横の3分の2
　　　　日章　直径　縦の5分の3
　　　　中心　旗の中心
　　2　彩　色
　　　　地　白地　　日章　紅色

とされました。ただし、法律の附則で、日章旗の制式については、当分の間、商船規則から用いられていた

- 寸法の割合について縦を横の10分の7
- かつ、日章の中心の位置について旗の中心から旗竿側に横の長さの100分の1偏した位置

とすることができるとされています（商船規則は、国旗及び国歌に関する法律の公布と同時に廃止。）。

　国旗掲揚塔や公共団体等で掲げる大きな国旗は、昔の太政官布告にあった小旗の寸法が基準にされています。それは横6尺（182cm）、縦4尺2寸（127cm）、日の丸の直径2尺5寸1分（76cm）という大きさです。

3　旗竿と球の用い方

　国旗を付ける旗竿は竹でも木でもかまいません。古くから用いられている黒白塗り分けの国旗用旗竿は神武天皇の金鵄のとまった弓を表し、金色の丸い球はその金鵄を形どったものです。この塗り分けの竿と金色の球を用いる

ことが慣習的になっていますが、それにこだわる必要はありません。球は四角でも三角でも、また黒以外の布に綿をつめて球としてもよいとされています。

4　国旗掲揚の基本

　国旗は、国家国民を象徴とするもので、汚れたり、破損したものを使用してはなりません。

　国旗を旗竿に掲揚する場合は、常に旗竿の最上部に接して掲げなければいけません。球があれば球との間は絶対あけてはいけません。もしその間をあけると半旗となってその目的以外では、大変失礼になります。また、三脚などを使用する場合は、国旗を地面に付けてはいけません。

　一本の旗竿に2か国以上の国旗を掲げてはなりません。

　国旗の掲揚は、通常、日の出から日没（又は始業時から終業時）までとし、雨天の場合は屋外に掲揚しません。

　屋外で日本国旗を掲揚する場合は、門の内側から見て右（外から左）に掲揚するのが望ましい形です。玄関やアパートの窓でも右側へ出します。2本なら左右へ立てるか、交差させるかします。交差の場合は内側から見て左側の旗竿を外側にします。

5　半旗と弔旗

　半旗は、大体旗竿の上から国旗の縦の長さくらい下げた掲げ方です。これは死者に対する弔いの意（弔意）を表すものです。国葬又は国葬に準じる葬儀のある場合には、その都度内閣の決定通達が行われ、官庁庁舎には半旗が掲揚されることになっています。

　掲揚の手順は、綱付きの旗竿の場合は、一度旗竿の最上部まで上げてから半旗の位置まで下げます。また、降納する場合も、旗竿の最上部まで上げてから降納します。

　弔旗は必ず黒い球をつけ、球と国旗との間を約10センチメートルぐらいあけ、その間へ国旗の幅だけ10センチメートル幅の黒布をつけます。この弔旗は国葬の場合に限られ、政府の命令が出ます。

5訂版
警察官のためのエチケット110番

平成 5 年 5 月20日	初　版　発　行
平成 8 年 4 月20日	2 訂版 発 行
平成13年 1 月30日	3 訂版 発 行
平成24年 3 月25日	4 訂版 発 行
平成30年 3 月15日	5 訂版 発 行
令和 6 年 3 月 1 日	5 訂版 9 刷発行

編　　者　　警察エチケット研究会
発 行 者　　星　沢　卓　也
発 行 所　　東京法令出版株式会社

112-0002	東京都文京区小石川 5 丁目17番 3 号	03(5803)3304
534-0024	大阪市都島区東野田町 1 丁目17番12号	06(6355)5226
062-0902	札幌市豊平区豊平 2 条 5 丁目 1 番27号	011(822)8811
980-0012	仙台市青葉区錦町 1 丁目 1 番10号	022(216)5871
460-0003	名古屋市中区錦 1 丁目 6 番34号	052(218)5552
730-0005	広島市中区西白島町11番 9 号	082(212)0888
810-0011	福岡市中央区高砂 2 丁目13番22号	092(533)1588
380-8688	長野市南千歳町1005番地	
	〔営業〕TEL 026(224)5411　FAX 026(224)5419	
	〔編集〕TEL 026(224)5412　FAX 026(224)5439	
	https://www.tokyo-horei.co.jp/	

Ⓒ　Printed in Japan,1993

本書の全部又は一部の複写、複製及び磁気又は光記録媒体への入力等は、著作権法上での例外を除き禁じられています。これらの許諾については、当社までご照会ください。

落丁本・乱丁本はお取替えいたします。

ISBN978-4-8090-1383-6